BOSS
Bitch

CHRISTINE QUINN

BOSS *Bitch*

PARE DE SE DESCULPAR POR QUEM VOCÊ É...
E SEJA A DONA DA P*RRA TODA

Tradução
Denise de Carvalho Rocha

SEOMAN

Título do original: How to Be a Boss B*tch.
Copyright do texto © 2022 Christine Quinn.
Copyright da edição brasileira © 2022 Editora Pensamento-Cultrix Ltda.
1ª edição 2022.

Todos os direitos reservados. Nenhuma parte desta obra pode ser reproduzida ou usada de qualquer forma ou por qualquer meio, eletrônico ou mecânico, inclusive fotocópias, gravações ou sistema de armazenamento em banco de dados, sem permissão por escrito, exceto nos casos de trechos curtos citados em resenhas críticas ou artigos de revistas.

A Editora Seoman não se responsabiliza por eventuais mudanças ocorridas nos endereços convencionais ou eletrônicos citados neste livro.

Editor: Adilson Silva Ramachandra
Gerente editorial: Roseli de S. Ferraz
Gerente de produção editorial: Indiara Faria Kayo
Editoração eletrônica: Join Bureau
Revisão: Vivian Miwa Matsushita

Dados Internacionais de Catalogação na Publicação (CIP)
(Câmara Brasileira do Livro, SP, Brasil)

Quinn, Christine
  Boss Bitch: pare de se preocupar por quem você é – e seja a dona da p*rra toda / Christine Quinn; tradução Denise de Carvalho Rocha. – 1. ed. – São Paulo, SP: Seoman, 2022.

  Título original: How to be a boss b*tch.
  ISBN 978-65-87143-28-6

  1. Autoconfiança 2. Desenvolvimento pessoal 3. Mudança de atitude 4. Mudança de vida 5. Sucesso I. Título.

22-115796   CDD-158.1

Índices para catálogo sistemático:
1. Autoconfiança: Desenvolvimento pessoal: Conduta de vida 158.1
Eliete Marques da Silva – Bibliotecária – CRB-8/9380

Seoman é um selo editorial da Pensamento-Cultrix.
Direitos de tradução para o Brasil adquiridos com exclusividade pela
EDITORA PENSAMENTO-CULTRIX LTDA., que se reserva a
propriedade literária desta tradução.
Rua Dr. Mário Vicente, 368 – 04270-000 – São Paulo, SP – Fone: (11) 2066-9000
http://www.editoraseoman.com.br
E-mail: atendimento@editoraseoman.com.br
Foi feito o depósito legal.

Sumário

Introdução: Uma Terça-feira Típica   7

Capítulo 1
Ei, *Bitch*, Tire a Bunda do Sofá!   19

Capítulo 2
Os Cinco Estilos de Boss Bitch   61

Capítulo 3
Custa Muito Caro para Ter Esse Look Barato   75

Capítulo 4
Arregace as Mangas, *Bitch*!   103

Capítulo 5
Cuide Bem da sua Vagina   137

Capítulo 6
Fique Podre de Rica! 175

Capítulo 7
Manifeste o seu Destino 207

Capítulo 8
A Opressão Entre as Mulheres 241

Capítulo 9
Padecendo no Paraíso 261

Epílogo: Roube a Cena 271

Introdução

Uma Terça-feira Típica

Vou descrever a cena: é um dia lindo e ensolarado no mar Adriático, em algum lugar da costa da Croácia. A temperatura está perfeita, 20 e poucos graus, e estamos cercados por um mar de água cintilante tão incrível que nem os filtros do Instagram poderiam lhe fazer justiça #viajarepreciso. Meu marido e eu estamos a bordo de um iate de 185 pés e três andares, na companhia de alguns amigos próximos, comemorando o encerramento da terceira temporada de *Selling Sunset*.[1] Tudo ali é de primeiríssima qualidade, desde a vista de 360 graus até a grande escada em caracol que leva ao *foyer* dourado e todo espelhado. O iate é tão grandioso que até parece que a própria Donatella Versace materializou a mansão flutuante. Ele tem uma aparência régia, opulenta

---

[1] No Brasil, o *reality show* da Netflix se chama *Sunset: Milha de Ouro* e já tem quatro temporadas. (N. da T.)

e até exagerada, mas, se você assistiu a pelo menos um episódio do meu *reality show* de sucesso na Netflix, sabe que é exatamente disso que eu gosto quando saio de férias. Caramba, e era só terça-feira! Temos uma equipe completa, um instrutor de yoga, jet skis, um trampolim aquático, um tobogã de três andares e praticamente todo tipo de brinquedinho aquático à nossa disposição. Esse barco é o melhor amigo de qualquer beberrão com excesso de confiança e o pior pesadelo de um tripulante como Malia, da série *Vida a Bordo*.

Estou sentada num dos enormes sofás de pelica do deque, aninhada numa manta de pele de chinchila que vale mais do que meu primeiro salário anual. Revisando meus compromissos do dia na minha agenda Louis Vuitton, eu anoto as reuniões de trabalho, faço uma lista dos e-mails que preciso responder e reviso minha pesquisa para as próximas entrevistas que marquei durante a viagem. A grande exposição na imprensa agora é rotina para mim. Se estou em casa ou de férias, ela nunca para. (Mas, pensando bem, eu também nunca paro.) O primeiro item da minha lista de compromissos diários é uma entrevista pelo Zoom com uma repórter da revista *Vogue*. Minha assessora de imprensa marcou a entrevista para conversarmos sobre imóveis, o reality show e o meu estilo de vida. O de sempre. O que não sei nesse momento é que nessa entrevista estou prestes a lançar uma bomba que mudará não apenas a minha vida, mas a vida de outras pessoas também.

Recebo a ligação e a repórter começa a enumerar todos os elogios que costumo receber pelo meu trabalho no ramo imobiliário e na indústria do entretenimento. Falamos da minha experiência como corretora de imóveis num campo de trabalho dominado pelos homens e de como me tornei uma das melhores profissionais do ramo. Recentemente me destaquei na venda de vários imóveis – um dos quais de 17 milhões de dólares, a maior venda que qualquer corretor do nosso escritório já conseguiu até hoje –, tudo isso enquanto filmava uma série de sucesso da Netflix, seis dias por semana, durante seis meses seguidos.

– Eu realmente não sei como você consegue fazer tudo isso ao mesmo tempo – diz a repórter. – Você é a própria definição de mulher empreendedora.

De repente, sou tomada por um sentimento que mal reconheço. Algo no jeito como ela está exaltando todas aquelas minhas realizações impressionantes me faz perceber que não estou dizendo toda a verdade. Continuamos com a entrevista e me esforço ao máximo para me concentrar, mas a sensação não me deixa e agora estou suando e ficando ansiosa, como se estivesse de volta ao confessionário da igreja que frequentava na infância. Estou tremendo de um jeito que raramente acontece, porque só tremo assim quando estou mentindo. Fico pensando em como as pessoas vão ler aquele artigo, que mensagem vou passar a elas, e percebo que não posso manter isso em segredo por mais tempo.

Interrompo a repórter no meio da frase.

– Sabe o que é? – digo. – Tem algo que eu quero dizer e, juro a você, nunca disse isso a ninguém em toda a minha vida, exceto para a minha família e o meu marido. Sério, ninguém sabe. – Não há como voltar atrás agora. – Eu não tenho diploma do ensino secundário nem nada que o valha. Não conclui o curso.

Eu posso vê-la lutando para encontrar o que dizer, enquanto lágrimas brotam dos meus olhos. Pelo amor de Deus, estou desmoronando na frente da *Vogue*! Até meu rímel à prova d'água Christian Dior Iconic Overcurl está me deixando na mão, enquanto um fluxo de lágrimas negras lava meu rosto. Na cidade de onde eu vim, todo mundo termina o ensino secundário e vai para a faculdade. Isso é lei. Qualquer um que se desvie desse caminho é um pária. Pária não, é um fracasso. Acrescente a isso o fato de a minha vida já ser um verdadeiro enigma para todo mundo e sou praticamente uma aberração. E acabei de me abrir para uma repórter cujo trabalho é divulgar essa informação para o mundo!

Mas daí acontece uma coisa engraçada. Em segundos, literalmente, essa confissão faz com que eu me sinta muito melhor (embora eu tome nota mentalmente de que não posso fazer disso um hábito!). Sinto como se um peso tivesse sido retirado dos meus ombros, porque passei vários anos mentindo sobre meu grau de instrução nos currículos e esperando que as pessoas me dessem uma chance, em vez de me julgar pela minha aparência. (Ser alta, loira e peituda não contribui em nada para que as pessoas achem que sou inteligente.) E o mais incrível é que construí minha vida com base na autenticidade. Sejam meus clientes, meus amigos, meu marido ou meus fãs, eles sabem exatamente o que esperar de mim, porque, se tento ser diferente do que sou, percebi que só acabo decepcionando a mim mesma. Na entrevista, preferi não enfeitar a realidade e contar como me senti carregando a vida toda aquele grande segredo. E não só isso, eu estava tentando esconder algo que, no final das contas, não passava de uma grande bobagem. Posso não ter terminado a escola por razões que vou contar depois, mas e aquelas conquistas todas que a repórter estava exaltando, admirada, dizendo tipo, "Uau! Você está arrasando!"...? Isso tudo sou eu, queridinha. Eu que fiz acontecer, com ou sem diploma.

Mas eu nem sempre vi as coisas desse jeito. Tinha vergonha do que me parecia uma deficiência e, uma vez que eu me enxergava como alguém inferior, deixava que isso me definisse. Depois de anos posando de "loura burra" para caber nos espaços em que eu achava que precisava me encaixar (no trabalho, nos relacionamentos), comecei a achar que eu realmente era essa pessoa inferior. Até que chegou uma hora em que parei e disse, "Espere aí! Eu não sou perfeita. Mas e daí?!". Eu senti que era meu dever fazer com que as mulheres soubessem disso, começando por essa entrevista. Eu não ia permitir que aquela "imperfeição" me definisse – mas nem morta! Porque eu posso não ter todos os diplomas certos, mas pode apostar que tenho um PhD em experiência de vida. E agora, neste momento, estou prestes a provar que, quando se trata de viver a minha verdade, eu fiz todas as matérias e créditos extras.

Algumas semanas depois da entrevista, quando eu já tinha deixado o luxo do iate e voltado para a minha casa em Los

Angeles (que, diga-se de passagem, não é nenhum casebre, com sua piscina de borda infinita e um closet grande o bastante para acomodar todos os meus quatrocentos pares de Louboutins...), o artigo foi publicado. Ele estava em todos os lugares... e então veio a enxurrada de mensagens. Prendi a respiração enquanto percorria as DMs que chegavam pelo Instagram. Mas, em vez de me chamarem de burra ou me fazerem sentir vergonha do que considerei por tanto tempo uma falha, estavam me agradecendo. Ao ser sincera e assumir a mentira que costumava contar, inspirei as pessoas a pensar que elas também podiam alcançar grandes realizações mesmo sem ter um currículo muito bom. E até mais do que isso: fiz com que se sentissem mais em paz com seus próprios segredos sórdidos.

Esse foi um grande divisor de águas para mim. O fato de me abrir com a repórter da *Vogue* me ensinou que compartilhar a sua verdade pessoal não é o mesmo que se fazer de vítima. Trata-se de renomear você mesma as partes suas que a sociedade quer rotular, sem dar a mínima para o que os outros pensam e se sentindo ainda mais leve, porque não tem uma bagagem extra pesando sobre você e puxando-a para baixo (não importa o quanto essa bagagem pareça "fofa"). Eu não lamento ser quem sou, o lugar de onde vim ou quem me tornei. Não vou ficar pedindo desculpas por nada disso. Nem você deveria. E sabe o que isso faz de você ou de mim? Uma Boss Bitch!

ME CHAME DE *BITCH*

Vamos esclarecer uma coisa logo de cara, se você vai me chamar de *bitch* ou vadia, vou encarar isso como um elogio. *Bitch*[2] é apenas um nome que as pessoas nos dão quando não sabem como nos definir ou quando você as deixa pouco à vontade ou as obriga a sair da sua zona de conforto. É uma palavra que os homens usam para se referirem a mulheres fortes e assertivas, que podem fazer com que se sintam ameaçados, mas, quando as mulheres a usam, ela deve ser uma palavra de poder. É hora de mudar essa história.

Se você for como eu, as pessoas provavelmente já a chamaram de *bitch* com a intenção de rotulá-la, de usar essa palavra contra você e magoá-la. Mas, quando eu uso a palavra "*bitch*", considero-a um distintivo de honra, ao contrário da letra escarlate com que se costumava marcar as mulheres no passado, para desonrá-las e renegá-la publicamente. Eu espero que você faça o mesmo. Porque ninguém nunca foi chamado de *bitch* por ser uma mulher dócil e submissa, que nunca

---

[2] Em inglês, a palavra *bitch* originalmente tinha cunho pejorativo e significava apenas "vaca", "cadela", "puta". Na atualidade, porém, essa palavra, conhecida quase que universalmente, adquiriu novos significados. Num contexto moderno, embora ela ainda possa ter uma conotação negativa, designando uma mulher desagradável, chata ou autoritária, também pode indicar uma mulher forte, poderosa e assertiva. Como não existe em português uma única palavra com todas essas camadas de significado da palavra *bitch*, será usado aqui, na maioria das ocorrências, o termo na língua original, só às vezes traduzido por "puta", "megera", "encrenqueira", "vadia", "mulherão" ou termos afins, dependendo do contexto. (N. da T.)

reclama de nada. Como disse Eleanor Roosevelt, mulheres bem-comportadas raramente fazem história. As chamadas *bitches* são mulheres de opinião, que fazem as coisas acontecerem. Então, está na hora de nós, mulheres, reivindicarmos a palavra "*bitch*" e a usarmos a nosso favor. A partir desta página, quando digo *bitch*, estou me referindo a você, uma mulher poderosa, que não leva desaforo para casa, que vai atrás do que quer e não se desculpa por isso.

Sempre fui franca e diferente, e nunca tive problema para dizer "não" às pessoas. Como resultado, fui considerada uma megera durante a maior parte da vida. Desde a adolescência, sempre que eu tinha uma opinião impopular ou me posicionava numa situação em que os outros ficavam quietos, lá vinha alguém me chamar de *bitch*. Principalmente depois que o meu reality show, *Sunset*, foi lançado, passei a ouvir esse rótulo superfamiliar como um refrão sobre a minha pessoa: "Christine, aquela *bitch*!".

Mas por quê? Porque estou dizendo coisas que todo mundo está pensando, mas ninguém tem coragem de dizer? Isso realmente faz de mim uma megera? Ou isso só me faz ser muito boa no que faço? Eu acredito que, quando as mulheres são fortes e expressam suas opiniões, as outras pessoas têm dificuldade para lidar com isso. É mais fácil rotulá-las e não pensar mais no assunto. Eu digo, vamos reverter essa ideia de que falar o que se pensa e ser o que se é seja algo negativo. Não há absolutamente nada de errado em ser sincero e autêntico. Mas até que caia a ficha e o mundo perceba isso junto conosco, o termo *bitch* será nosso selo. Pessoalmente, eu me apossei da *bitch* que existe em mim, assim como me aposso de todos os rótulos que uso. (Sim, eu jogo o cabelo para trás quando escrevo isso e, não, não me arrependo!)

Portanto, quando eu chamo você de *bitch*, saiba que para mim esse é o maior dos elogios e também uma forma de aumentar sua autoconfiança e pôr fogo no seu rabo para que você possa ser mais assertiva e começar a ter tudo o que quer da vida. Mas eu não quero apenas que você seja uma *bitch*. Quero que você seja uma Boss *Bitch*.[3] Quero que faça todos virarem o pescoço para vê-la quando entrar numa sala, quero que tenha estilo próprio, ganhe muito dinheiro e nunca tenha medo de falar o que pensa.

Tenho orgulho de ser uma Boss Bitch. Como eu disse, depois da primeira temporada de *Sunset*, as pessoas passaram a ser tão "gentis" ao se aproximar... e me chamar de "*fucking bitch*", algo como "sua vadia do caralho". Em resposta eu dizia: "Obrigada!", porque para mim isso significava que eu estava fazendo a coisa certa. As pessoas estavam falando a meu respeito, me seguindo, lembrando de mim. Claro, foi um pouco chocante no início saber que podiam ser tão cruéis. Elas não gostavam de mim e muitas confundiam minha personagem no reality com a verdadeira Christine Quinn, e

---

[3] A autora usa aqui o mesmo termo do título da canção "Boss *Bitch*", da *rapper* e compositora norte-americana Doja Cat, que seria uma *bitch* empoderada, numa tradução livre, a "Dona da P*rra Toda". (N. da T.)

ainda confundem. Mas então caiu a minha ficha: "E daí? Você não pode agradar todo mundo o tempo todo, então pode muito bem se concentrar no que interessa: ser feliz".

De qualquer maneira, é só isso que você pode controlar.

Esse é o tema central deste livro: para ser uma profissional bem-sucedida e uma pessoa feliz na vida, você não pode simplesmente aceitar o que as outras pessoas pensam que é correto ou mesmo apropriado. Você não pode tentar ser quem as outras pessoas querem que você seja. Tudo o que você pode fazer é ser totalmente você mesma, sem nenhum remorso – e é aí que está o seu poder.

Neste livro, quero ajudá-la a sentir e ser exatamente isso, por meio de uma centena de pequenas atitudes que, somadas, vão resultar numa vida espetacular. Eu vou falar sobre sexo e dinheiro, moda e fama, fofoca e gratidão, confiança e consciência. Seja filmando *Sunset*, uma corretora de imóveis bem-sucedida, a dona de uma linha de perfumes e maquiagem, embaixadora de marcas de sucesso ou esposa e mãe, vou compartilhar partes da minha vida com você. Porém o meu foco aqui é VOCÊ e a SUA transformação. Vou contar a minha história para que você possa escrever a sua, além de dar os meus melhores conselhos para ajudá-la a superar seu passado, criar seu presente e planejar seu futuro. Você pode reinventar a sua vida para que ela seja perfeita para você, fazendo mais do que lhe dizem para fazer, recusando-se a ser uma vítima, tornando-se radicalmente você mesma, definindo objetivos grandiosos e nunca tendo medo de cometer erros.

Resumindo, este é um guia direto e perturbador sobre como você pode se libertar do que a impede de ser uma mulher independente e empoderada e finalmente viver sua vida em toda a sua excêntrica, única, apaixonada e inédita glória. Como vão chamá-la quando você pegar a bolsa e se transformar numa Boss Bitch, ou na Dona da P*rra Toda? Vamos descobrir.

Capítulo 1

Ei, *Bitch*, Tire a Bunda do Sofá!

Escrevi este livro porque quero ajudar as mulheres a tomar posse do seu poder pessoal e assumir o controle da própria vida, sem vacilar mesmo quando alguém lançar mão de toda a gama de significados do termo "*bitch*" para se referir a você. Porque, como eu disse, neste livro usamos essa palavra como um distintivo de honra. Vamos conversar sobre dinheiro, sexo, carreira, estilo e sua marca pessoal. Vamos tomar atitudes radicais – ter uma vida grandiosa, ser grandiosas – e jogar as desculpas no lixo. Mas, antes que possamos fazer isso, você tem que estar totalmente entregue e confiante. Precisa colocar seus peitões naquela lingerie sexy de renda e estar preparada para se comprometer com esse processo. E o mais importante, você tem que acreditar que é capaz de fazer esse tipo de mudança na sua vida. Eu já consigo até ouvir você dizendo a si mesma: "Nunca vou conseguir ganhar tanto dinheiro/me vestir com roupas tão estilosas/encontrar um homem tão maravilhoso/ter uma carreira tão glamorosa, por causa de desculpas de A a Z". Eu sei que você está pensando que, por algum motivo, para mim foi mais fácil porque eu era modelo ou porque sou alta e magra ou tenho muito dinheiro. Mas, *bitch*, deixe-me dizer só uma coisinha: a vida desta garota aqui nem sempre foi fácil. Ela nunca foi um mar de rosas. Eu tive que enfrentar muito BO no início da minha vida, pois as cartas que recebi ao nascer eram uma porcaria. Cheguei aonde cheguei porque peguei os limões que a vida me deu e fiz uma Tequila Clase Azul com um toque de limão. E não fiz isso choramingando ou morrendo de dó de mim mesma. Fiz com uma tonelada de trabalho árduo, um inconformismo implacável e a autoconfiança que todos adoram num super-herói com um passado difícil.

Eu sei que isso será um choque para você, mas preciso dizer que minha vida nem sempre foi só Rolls Royces e relógios Rolex. E o mais interessante é que, quando comecei a escrever este livro, eu não achava que as pessoas precisavam saber disso. Sinceramente, pensava que meus leitores só queriam me ver usufruindo deste mundo de glitter cor-de-rosa que criei para mim. Mas então percebi que, para criarmos uma conexão entre nós e você realmente confiar neste processo, eu teria que sair do feed do meu Instagram e me despir completamente (e não estou falando da nudez da sessão de fotos apimentada da *Playboy* que fiz aos oito meses de gravidez). Eu quero que você saiba que nem sempre tive tudo planejado. As pessoas faziam com que eu me sentisse burra e esquisitona só porque eu não me encaixava nos moldes do ambiente escolar. Eu nem sempre me sentia confortável no meu corpo. Cresci literalmente presa numa casa regida pelo medo e, quando era hora de começar minha grande e fabulosa vida para a qual eu sabia que estava destinada, me derrubaram e eu fui a nocaute. Várias vezes. Portanto, embora você possa conhecer a Marilyn Monroe do reality show e do meu Instagram, agora é hora de você conhecer minha versão Norma Jean.[1]

Não estou contando estas histórias porque quero que você sinta pena de mim, porque eu com certeza não sinto. Não, eu quero que você ouça o que tenho a dizer para que possa, de uma vez por todas, superar o que pode achar que são obstáculos e transformá-los em suas armas mais poderosas. Eu quero que você veja que não importa como as coisas podem ter sido difíceis para mim, encontrei uma maneira de seguir em frente e, ainda mais importante, uma maneira de tirar proveito desses sapos que todos temos que engolir ao longo da vida. Seja qual for o nome que você queira dar a eles (circunstâncias infelizes, azar, karma ruim ou apenas uma porcaria de vida de merda), isso é passado e o único papel que tem a desempenhar em sua vida é ser o combustível para um futuro brilhante.

~~~

Na minha infância, o que mais me marcou foi o sentimento de que ninguém me entendia. Meus pais eram extremamente

---

[1] Nome de batismo de Marilyn Monroe. (N. da T.)

rígidos e acreditavam que, se pudessem me proteger do mundo me mantendo na sua bolha protetora, nada de ruim me aconteceria. Como resultado, minha vida em casa era sufocante e, às vezes, parecia uma prisão. Eu sempre tinha que estar em casa num determinado horário. Quando finalmente fiz amigos, o que não era nada fácil para mim, eu mal podia vê-los. Raramente conseguia assistir à TV e definitivamente não tinha permissão para ir ao cinema. Fast food ou refrigerante eram terminantemente proibidos. Lembro das vezes em que eu me esgueirava até as latas de Cocas Diet e fingia tossir quando abria uma, para meus pais não ouvirem. E sempre que estávamos andando de carro numa estrada, lembro que eu dizia aos meus pais que queria fazer xixi justo na hora em que passávamos na frente de um McDonald's, com a esperança de que pudéssemos entrar. A resposta era sempre "não".

Parte disso tinha a ver com as crenças católicas dos meus pais (nós íamos à igreja todos os domingos e na cabeça deles o mundo era um lugar cruel e corrompido). Mesmo quando eu era pequena, já percebia que meus pais deixavam o medo comandar a vida deles e determinar suas decisões. Mas parte disso tinha a ver com o fato de a minha mãe viver cercada pela doença e a morte desde que me conheço por gente. Ela viu o irmão saudável de 21 anos morrer de leucemia e o outro irmão morrer ainda bebê. O pai morreu da doença de Parkinson. Ela mesma tinha lúpus, síndrome de Raynaud e uma artrite reumatoide tão grave que os dedos se atrofiaram, fazendo as mãos dela parecerem garras de caranguejo. E ela também sobreviveu a um câncer de mama duas vezes, precisando fazer uma dupla mastectomia quando tinha 40 anos. A certa altura, quando eu estava no ensino secundário, pensamos que ela não ia resistir. Tínhamos ido nadar quando ela começou a ter dores fortes nas costas e foi levada às pressas para o hospital. Teve uma embolia pulmonar, que apareceu do nada e foi uma ocorrência muito estranha, que exigiu uma cirurgia na coluna (e, com o tempo, uma cirurgia no coração, que ela fez em 2020). Os médicos não sabiam se ela sobreviveria ao procedimento, então nos aconselharam a nos despedir. Lembro de me sentir muito triste, mas com bastante raiva também. Eu estava furiosa com ela porque sentia que ela nunca estava totalmente conosco, fosse porque não estava fisicamente bem ou porque vivia consumida pelo medo e pela ideia de que sempre havia coisas terríveis à espreita, esperando para nos pegar se não tivéssemos muito cuidado. Às vezes, isso fazia com que eu achasse difícil ficar perto dela.

Quando fui ficando mais velha, e principalmente depois que me tornei mãe, percebi que ela tinha boas intenções e estava apenas tentando me proteger da melhor maneira que sabia. E vê-la tão doente finalmente me deu a perspectiva poderosa de que, na vida, nunca sabemos o que o futuro nos reserva... E não sabemos nem se estaremos neste mundo amanhã. Isso me fez ser muito grata à minha saúde, o que definitivamente não é uma certeza, e também impulsionou minha vontade de viver e minha persistência. Ver minha mãe lutar todos os dias para sobreviver era o que às vezes me dava forças para resistir diante das adversidades e dos contratempos, mesmo quando eu estava sofrendo, e sempre serei grata por isso. Mas, na época, eu era apenas uma jovem que precisava de alguém ao seu lado, para apoiar seus sonhos e suas esperanças.

Por mais que a vida em casa fosse difícil, a escola era pior. Dizer que a escola nunca, jamais, foi a minha onda é um grande eufemismo. Socialmente, era um pesadelo. Desde o ensino fundamental, eu vivia arranjando encrenca, porque estava constantemente bancando a palhaça e tentando fazer as pessoas rirem. Eu só não era severamente punida porque tinha recebido um diagnóstico de Transtorno do Déficit de Atenção com Hiperatividade (TDAH). Eu era considerada a piadista da classe e ninguém me levava a sério. No ensino secundário, isso só piorou. Eu era conversadeira, mal-educada e arrotava nas aulas porque não dava a mínima para nada. As pessoas já me achavam uma maluca de pedra, então o que teria a perder se exibisse minha maluquice aos quatro ventos? As garotas populares não queriam nada comigo e o pessoal das aulas de teatro não achava que eu me entrosava no grupo. Eu não fumava maconha, então como ia me dar bem com um bando de drogados? Odiava que me dissessem quando eu tinha que estar nos lugares e o que fazer, então os esportes não eram para mim. E, por algum motivo, todos os adolescentes me achavam uma espécie de aberração por ter um emprego. Todos os fins de semana eu trabalhava de garçonete no fast food Sonic, o único bico que eu tinha conseguido, porque os restaurantes mais caros ou me julgavam muito burra, com base na minha aparência, ou não me queriam por não ter restaurantes caros no meu currículo (mais uma falha nesta droga de sistema), enquanto os alunos do ensino secundário ficavam no estacionamento fumando e pedindo smoothies. Na minha cidade, nenhum adolescente tinha que trabalhar, então eles achavam um tédio que eu tivesse um emprego. Eu não conseguia entender por que as pessoas encaravam isso como se fosse um absurdo. Eu não via problema algum em ganhar algumas centenas de dólares por semana para poder comprar maquiagem. Eu me via como Hilary Duff no filme *A Nova Cinderela*, por isso achava que, mesmo que tivesse que aguentar um trabalho maçante, era apenas uma questão de tempo antes de me tornar a princesa que eu estava destinada a ser. Mas, enquanto isso, simplesmente não havia um grupo em que eu conseguisse me encaixar. Não havia uma caixinha bonita e arrumada em que eu coubesse, porque não era assim que eu era.

Eu podia ser a garota boba e tagarela, mas também amava um papo-cabeça. Odiava o mundo acadêmico, mas, se algo me inspirava, como o Sistema Solar ou as artes, eu podia passar horas falando daquilo. Eu tinha talento para o drama e sabia entreter as pessoas, mas, com minhas roupas feitas em casa ou de segunda mão, além da minha absoluta falta de referência cultural graças à detox de TV que meus pais me impunham, eu parecia, bem... no mínimo estranha. Eu conseguia fazer amizade com algumas meninas quando estávamos aos pares, mas, quando estavam em grupo, não havia como eu ser aceita naquelas panelinhas. Era como em *O Senhor das Moscas*. Eu almoçava no corredor todo dia porque atravessar o refeitório era um desafio para mim, com todas aquelas pessoas me olhando e sendo cruéis, não me deixando sentar na mesma mesa que elas. E mesmo sabendo que eu era diferente, e eu sabia que ser diferente um dia funcionaria para mim e me ajudaria a me destacar, isso era solitário. Então, enquanto minha irmã abafava como uma garota popular no grupo de dança, na equipe de líderes de torcida e em todas aquelas atividades descoladas para garotas, eu passava a maior parte do tempo na casa dos nossos vizinhos, cuidando dos cachorros deles. Principalmente porque eu sentia que me relacionava melhor com os animais do que com as outras crianças.

Não ajudava em nada o fato de eu também me sentir uma completa estranha dentro do meu corpo. Eu era sempre a mais alta do grupo (de rapazes e garotas) e definitivamente isso não fazia eu me sentir bonita. Eu me lembro de uma garota, Lindsay, que era superbaixinha, delicada e fofa (ugh, aquela vadia...) e todo mundo gostava dela, e eu queria mais do que tudo ser baixinha como ela. Eu passava muito tempo desejando ter outro corpo e me ressentindo do que eu tinha. Quando estava no ensino secundário, comecei a ficar com a sensação de que as pessoas na verdade admiravam a minha aparência, com minhas pernas longas, tronco longo e cabelos loiros e compridos. O único problema era que as meninas passaram a me odiar por isso e os meninos só tinham uma maneira de mostrar que estavam na minha: sendo cruéis. (Quer saber por que não acabei com Jacob na primeira temporada? Aquele babaca punk e seus amigos grudaram chiclete no meu lindo cabelo comprido no ensino secundário e eu tive que cortá-lo. Não dá para superar uma coisa dessas.) Acho que passei a me sentir um pouco melhor depois que descobri que as pessoas na realidade me invejavam, mas eu poderia ter feito essa descoberta sem ter que passar pela lição inicial do ciúme. Além disso, eu ainda não gostava de mim mesma. Depois de anos assistindo a meus ídolos Marilyn Monroe e Dolly Parton fazendo sua magia na tela (meu passatempo favorito era assistir filmes antigos, pois era o escapismo perfeito), eu não via o charme feminino dessas atrizes no meu corpo chapado e sem curvas. Eu ansiava por ter o poder de sedução delas (peitos enormes) e queria o tipo de corpo (peito) que os homens iriam seguir com os olhos (estamos falando de olhos esbugalhados, no estilo dos desenhos animados). Até que eu pudesse fazer isso acontecer, passei mais tempo invejando o corpo das outras pessoas do que aprendendo a amar o meu.

Para piorar as coisas, eu não me ajustava ao sistema educacional tradicional. Fui formalmente diagnosticada com TDAH quando estava com 12 anos e tinha muita dificuldade para ficar quieta na carteira e prestar atenção na aula. Eu lia o que supostamente tínhamos que aprender nos livros, mas meu cérebro não absorvia aquilo. Eu também tinha dificuldade com matemática e para memorizar todas as equações abstratas que pareciam estar em outra língua para alguém tão visual como eu. Eu demorava mais para fazer as provas porque era uma total perfeccionista. Como resultado, era rotulada de "burra". E ainda por cima fui retirada da minha classe e obrigada a ir para a sala das crianças "especiais", que precisavam de um auxílio a mais ou de mais tempo para fazer as provas, o que me deixava mortificada. As outras crianças zombavam de mim e por muito tempo eu apenas aceitei que eu era burra... e que estudar era uma perda de tempo. Quando se tratava de Inglês, Ciências e temas criativos, que davam asas à minha criatividade e imaginação, eu arrasava. Mas, quando eu era obrigada a aprender do jeito que o sistema queria que eu aprendesse e sobre os tópicos que queriam me impor, eu caía fora. A escola tornou-se uma extensão da minha casa, onde tudo o que eu ouvia era "Não". Sempre me diziam para "ir ali ou acolá e fazer isto e aquilo" e eu nunca consegui entender como eles podiam me dizer: "Você tem prova na sexta-feira às 10h30". Mas como eu poderia saber de que maneira eu estaria me sentindo naquela hora ou se eu seria capaz de me concentrar? Meu cérebro simplesmente não trabalhava daquele jeito, ele precisava de mais flexibilidade e espaço para fazer as coisas. Eu odiava me sentir tão oprimida e como se estivesse sempre sendo obrigada a seguir regras que pareciam não fazer nenhum sentido e não servir para nada. Isso definitivamente não era para mim. E quanto menos eu me importava com a escola, piores notas eu tinha, e quanto piores ficavam as minhas notas, menos eu me importava com a escola. Chegou uma hora em que eu estava indo mal em todas as matérias, porque eu simplesmente não queria estudar. Não parecia relevante para mim. Tipo, fala sério! O que eu ia fazer com álgebra? Na minha mente, eu queria apenas terminar os estudos para poder começar a minha vida de verdade. E, de um jeito meio distorcido, eu consegui satisfazer esse desejo, porque fui expulsa.

Tudo bem, talvez isso seja um pouco dramático, mas meus pais viram o quanto eu estava sofrendo e decidiram que minha mãe iria tentar me ensinar em casa. Isso durou só alguns meses porque, no fim, ela constatou que eu não estava estudando e que ela também não era capaz de me ajudar porque vivia muito doente. Então a única solução que restou foi me matricularem numa escola "alternativa", um daqueles programas em que os adolescentes ficam na escola algumas horas por dia, com um grupo que também não tinha se adaptado ao sistema regular de ensino. Estou falando de traficantes de drogas, membros de gangues, meninas grávidas aos 15 anos, garotas de programa cujos cafetões iam buscá-las na escola no fim do dia, garotos que tinham tentado pôr fogo na escola ou batido nos coleguinhas a ponto de mandá-los para o hospital. Mas foi isso que me restou, não havia alternativa. O plano era que eu trabalhasse no Sonic das seis às onze, depois minha mãe ia me buscar e eu entrava na escola ao meio-dia, ficando lá até as quatro da tarde. No começo, eu senti pena de mim mesma. Eu não me identificava de modo algum com aqueles outros adolescentes e não conseguia entender como eu tinha ido parar ali e por que minha vida estava daquele jeito. Sinceramente, eu não conseguia ver como as coisas podiam piorar. Mas, com o tempo, comecei a dar graças a Deus.

Ir para essa escola me fez crescer mais rápido. Quero dizer, meus colegas de classe eram legítimos membros de gangues, caramba! Isso abriu meus olhos para a forma como o mundo realmente funcionava, que era bem diferente do mundo que meus pais tinham tentado criar para mim. No mundo real, eu não era uma esquisitona. Eu era única, talentosa, criativa e vibrante, assim como os outros garotos e garotas da classe. Pela primeira vez, eu me encaixava no grupo. Os meus colegas não só gostavam de mim como, pouco depois de começarem as aulas, eu passei a mandar naquele lugar. Até que, por fim, fui eleita rainha do baile na nossa pequena versão da cerimônia. Fiz amigos e percebi que eu tinha mais talentos do que aquela droga da álgebra... Eu era sagaz e divertida. Também aprendi que tinha senso artístico, o que eu podia expressar quando perambulava pela cidade com os grafiteiros da escola. Claro, éramos considerados um bando de desajustados, mas só porque não nos encaixávamos em nenhum molde (uma coisa que agora eu vejo como algo positivo). E, embora eles talvez tivessem sido reprovados na escola secundária regular, meus colegas de classe eram verdadeiros gênios: tinham se tornado traficantes aos 15 anos! E eu descobri que eu não era uma debiloide. Era a minha antiga escola que não nos ensinava o que realmente precisávamos saber da vida real. Ela não nos preparava para ter jogo de cintura ou improvisar quando surgia uma situação difícil, coisas que eu agora sabia que eram meus pontos fortes. Sabíamos que não precisaríamos memorizar mil dígitos do Pi ou qualquer babaquice parecida, pois era para isso que servia a calculadora do celular. E, depois que percebi isso, quis saber quais eram as outras mentiras nefastas nas quais estavam tentando me fazer acreditar. Porém, antes que eu pudesse fazer isso... fui presa.

Era meu aniversário de 17 anos e eu estava planejando faltar às últimas aulas para poder sair da escola mais cedo e comemorar com alguns amigos da escola no Hooters, algo que minha mãe nunca permitiria e por isso me obrigava a fazer escondido. Eu estava toda fofa, vestida como uma periguete, porque eu adorava me vestir assim e porque eu sabia que ninguém dava a mínima, já que a escola tinha problemas maiores do que uma piranha de minissaia. Então, antes que eu pudesse sair da escola para curtir o dia, alguém chegou em mim e disse:

– Ei, tenho um presente de aniversário pra você!

Eu disse tipo:

– Que legal! O que é?

E o garoto enfiou um saquinho de maconha na minha bolsa. Novamente perguntei o que era, porque não era todo dia que estranhos aleatórios enfiavam coisas na minha bolsa, mas tudo o que ele disse foi:

– Feliz aniversário!

Meu palpite era que ele tinha me dado um Valium de presente ou um objeto qualquer, mas alguém presenciou a cena e me denunciou para o policial que estava fazendo a ronda na escola.

O guarda me arrastou para a diretoria e me fez sentar na frente da diretora. Então veio o momento da verdade. Ele disse a ela:

– A senhora tem duas opções: ou manda a garota para a detenção ou, como ela já é considerada adulta no estado do Texas, pode deixar que seja presa.

E você sabe o que aquela filha da mãe fez? Chamou a polícia. Fui levada para a delegacia, fichada e fotografada, colocada numa cela... o negócio todo. Essa é a parte em que você acha que vou contar que meus pais vieram correndo me tirar de lá, todos nós choramos muito e eu jurei que nunca mais violaria as regras. Mas não. Meus pais me fizeram ficar naquela cela por três dias e três noites, com prostitutas e traficantes. As outras presas ficavam tipo:

– Como você veio parar aqui? Estava se prostituindo?

E eu dizia:

– Não, furei uma piranha. Agora dá para me deixarem em paz?

Nós dormíamos, fazíamos xixi e comíamos naquela cela gelada e minúscula, enquanto eu tentava descobrir por que meus pais simplesmente tinham ido me buscar. Eu sabia que eles estavam tentando me dar uma lição, só que de um jeito que não tinha nada a ver. Mas, em vez de refletir sobre minhas escolhas de vida e como eu poderia ter evitado tudo aquilo (embora eu na verdade não tivesse feito nada errado e estivesse com tanto medo que nunca mais chegaria nem perto de droga nenhuma), usei aquele tempo para fazer um inventário das coisas que eu queria fazer na minha vida e do buraco em que eu tinha me enfiado e do qual já estava farta.

Àquela altura, eu já estava aceitando o fato de que não aguentava mais fazer da minha vida uma coisinha minúscula e insignificante, porque alguém me dissera que tinha que ser assim ou porque estava vivendo de acordo com a cabeça de outras pessoas. Eu estava farta de não estar no controle, então disse "Chega!". Percebi que a coisa que eu mais valorizava era a liberdade e eu nunca conseguiria ser livre em casa, e definitivamente não conseguiria o mesmo se ficasse na cadeia, de onde, graças a Deus, meus pais finalmente me tiraram depois que a mãe da minha amiga Amanda ameaçou fazer isso ela própria. Mas esse foi o meu momento "Tire a bunda do sofá". Eu soube, naquele instante, que eu já tinha esperado tempo demais para a minha vida começar. Eu tinha a opção de ficar sentada naquela cela de prisão e cair na triste história de que eu era uma pobre coitada que não conseguia se dar bem na vida (a história que as pessoas estavam tentando escrever sobre mim) ou poderia usar toda aquela frustração e angústia como combustível para a minha transformação, para me fazer progredir. Bom, eu não ia deixar um bando de fulanos que nem me conheciam direito escrever a minha história. Isso se tornou um tema importante na minha vida e me serviu muito bem quando surgiu o *Sunset*. A vida da Christine não estava ali à disposição para quem quisesse se apropriar dela. Apenas eu decido como minha história vai ser, não um produtor qualquer, um escritor qualquer, e definitivamente não uma outra garota qualquer. Vamos falar muito mais sobre essa lição excepcionalmente importante mais adiante neste livro, por enquanto, digamos apenas que essa pepita de sabedoria me serviu muito bem, especialmente naquele momento crucial.

    Eu também percebi que não importava se até o momento a minha vida não parecesse ter a perfeição do Instagram ou se eu já tinha mais bagagem do que uma dondoca de Beverly

Hills saindo de férias. Eu ia pegar todas aquelas lições incríveis disfarçadas de falsos problemas, enfiá-las no porta-malas do meu Ford Focus 2001 prata, com um milhão de quilômetros rodados, e dar o fora de casa.

Havia só aquela pequena questão de como conseguir ir embora de fato, porque eu sabia que, se meus pais descobrissem, eles literalmente trancariam todas as portas. Então, num fim de semana, quando os dois entraram no carro para sua ida semanal ao supermercado e eu sabia que ficariam fora de casa por pelo menos duas horas, pensei, "Esta é a minha chance!". Naquelas duas horas encontrei pela internet um apartamento em Dallas por 400 mensais o aluguel, coloquei minhas coisas no carro e dirigi quase cinquenta quilômetros atrás da minha liberdade. Quando eles voltaram para casa, ficaram tipo, "Cadê a Christine?" (eu só queria ter visto a cara deles!). No momento que meus pais perguntaram quando eu ia voltar, eu pensei, tipo, "Sem chance...".

O passo seguinte foi descobrir o que eu queria fazer da vida, agora que eu tinha conquistado minha independência a duras penas. Se eu fosse como todo mundo da minha série, àquela altura estaria pensando em entrar na faculdade. Mas não havia nenhuma chance de eu seguir por esse caminho. A escola tinha sido uma perda de tempo, pois eu não tinha aprendido porcaria nenhuma, exceto talvez que as pessoas podem ser desagradáveis sem motivo nenhum e eu não queria fazer ninguém se sentir assim. (Sim, eu conheço pessoas que vão dizer: "Ah, mas você é uma verdadeira megera no reality show", mas eu sou uma megera com um propósito. Eu não sou uma megera só pelo prazer de ser. Como meus bons amigos vão dizer, se eu estou sendo uma megera com você, provavelmente é porque você merece.)

Voltando ao assunto da faculdade. Eu nunca vou entender por que no ensino secundário aprendemos basicamente só quatro matérias: Inglês, Matemática, Ciências e História. Mesmo que haja tantas outras coisas mais interessantes e úteis na vida! E se você não frequentar essas aulas ou não tirar notas boas, a sociedade vai dizer que você é um joão-ninguém e nunca vai conseguir fazer nada de bom na vida. Mas que droga! E se você consegue passar pelo moedor de carne que é o ensino secundário, então pega essas quatro matérias e vai para a faculdade, pagando uma fortuna para entrar, e escolhe mais trinta matérias! E essa vira sua sentença de prisão perpétua. Tô fora!

Era estranho ver pessoas da minha idade indo para a faculdade e, quando todo mundo começou a me perguntar para que faculdade eu ia, era até esquisito, porque eu não sentia nenhuma pressão para ir. Até meus pais, que sobreviviam à base de cupons de desconto e ainda pagavam de bom grado a faculdade da minha irmã, sabiam que só estariam jogando dinheiro fora se me mandassem para a faculdade também. Em vez disso, eu me matriculei num curso de teatro, para viver meu sonho de ser modelo e atriz. Até hoje sou grata a essa decisão. Quer saber se a minha vida era mais difícil do que a de todos os meus amigos, filhinhos de papai, que obtiveram diplomas sofisticados, muitas vezes guardados na gaveta? Pode apostar que sim. Eu olho para aqueles jovens agora e vejo que muitos deles não foram muito longe, mas eu me formei com louvor na escola dos duros golpes da vida. Passei esse período sobrevivendo, ralando e abrindo meu próprio caminho a golpes de facão, o que me deixou muito mais forte e experiente. Aprendi, por exemplo, que, se você não vai ser médica nem advogada, simplesmente minta no seu currículo! (estou zoando). Mas a maioria dos meus amigos criativos e muito bem-sucedidos em suas especialidades concorda que não havia nenhuma necessidade de cursarem uma faculdade.

Só havia um empecilho: se eu quisesse ter um emprego com um salário decente, que desse para pagar o aluguel e minhas despesas básicas enquanto frequentava o curso de teatro, eu, de certo modo, precisava de um diploma, já que não tinha outra experiência além do Sonic e do Taco Bell (e a vida em fast foods não era para mim, a menos que fosse para comer seus sanduíches no Bentley do meu pai, o que é outra história, para outro capítulo). Acho que todos concordamos que vivemos num sistema cruel, que exige que você tenha experiência para conseguir um emprego, mas só lhe dá chance de conseguir experiência se você tiver um emprego. Isso é tão injusto! Mas lá estava eu, sendo recusada, uma vez após a outra, para trabalhos que, francamente, eu achava que tinha condições de desempenhar muito bem. Todos eles exigiam um diploma ou experiência, ou ambos. Pior, eles davam uma olhada no meu visual, alta e loira, e decidiam que eu "não tinha o perfil certo" (ou seja, era burra demais até para anotar um pedido de bebida). Bem, mandei às favas aquela merda. Eu estava cansada de ver as pessoas não me dando uma chance. Então busquei nas minhas memórias de infância uma lição que o meu pai certa vez me ensinou quando eu estava supernervosa para me apresentar numa peça de teatro da escola: finja até que seja verdade (Lição Boss Bitch nº 487, que eu vou ensinar no Capítulo 4).

Para acabar de uma vez por todas com os *haters* dos currículos e os juízes babacas que encontrava nas minhas entrevistas de emprego, eu adulterei meu currículo. Achei que, se era para enfeitar a verdade, então que fosse com um dourado ofuscante. Faculdade: Juilliard School. Ou seja, se é para sonhar grande, então o céu é o limite. Eu não acreditava que de fato precisasse ir à melhor escola de artes cênicas do mundo para ser uma boa atriz, mas, se as pessoas preferiam aquele joguinho idiota de exigir de mim um diploma universitário, então xeque-mate. Também inventei um monte de referências, incluí os telefones das amigas da minha mãe e saí à caça de um emprego. Como eu previa, logo fui contratada como bartender. E eu nunca tinha preparado uma bebida na vida! Quer dizer, eu apreciava algumas no meu dia a dia e adorava um bom Sex on the Beach... mas, obviamente, não é a mesma coisa. Mais uma vez, eu seria obrigada a distorcer a verdade. Pesquisei na internet e estudei tudo que encontrei sobre a profissão de bartender e memorizei todo o cardápio de bebidas do bar e todas as receitas. É isso aí, *bitch*, até o último Manhattan e Mai Tai. Eu só não conseguia fazer o mesmo na escola porque me sentia muito desconectada do que estávamos aprendendo e sabia que nunca usaria nada daquilo na vida real. Mas, depois que eu me apaixonava por algo e via que aquilo poderia me levar aonde eu queria ir, meu cérebro engatava a primeira e metia o pé no acelerador. E depois que eu comecei a trabalhar, percebi que eu era realmente boa naquilo. Era capaz de guardar todos os pedidos de cabeça enquanto brincava com os clientes, ouvia enquanto eles abriam o coração comigo e reclamavam dos problemas conjugais. As pessoas me diziam que eu era boa em dar conselhos e que era muito esperta para a minha idade. Isso comprovou o que eu já sabia: eu não era burra nem esquisita. Só era diferente, e era isso o que me ajudaria a me destacar.

※

Eu levei essa autoconfiança comigo quando comecei minha carreira de modelo. Cresci querendo ser modelo, porque sempre admirei as garotas que saíam na capa das revistas que eu via nos supermercados e farmácias, quando entrava para surrupiar um delineador Wet n Wild preto. Eu olhava para elas, observava bem suas roupas e seu ar descolado, imaginando como alguém conseguia ser capa de revista. Eu era a garota que adorava maquiagem e que gostava de mudar o visual de qualquer amiguinha com quem brincasse (até que cortei o cabelo de uma garota e não deixaram mais que ela brincasse comigo). Era obcecada por moda e também apaixonada pela ideia de ficar na frente das câmeras, desde a época em que passava todas as tardes assistindo a filmes antigos. Além disso, eu era alta e naturalmente muito magra. Ser modelo parecia a combinação perfeita para mim, assim como o final feliz da minha história de Cinderela. Ali estava eu, emergindo de um tempo em que vivia trancada longe do mundo, vestindo nada além de trapos caseiros de segunda mão, prestes a brilhar do jeito que eu sabia que era o meu destino.

Comecei a procurar emprego e descobri que eu tinha um talento natural para posar para fotos. Consegui um trabalho com a JCPenney e fiz muitos anúncios para a mídia impressa. Porém muitas vezes eu trabalhava de graça apenas para ter uma foto tirada pelos fotógrafos que eu admirava. Uma noite, fiquei num estúdio até as três da manhã porque estávamos tirando tantas fotos boas que eu não queria mais parar. Quando eu estava dirigindo para casa de madrugada, um policial me parou porque presumiu que eu estivesse bêbada ou drogada. Ele insistiu em revistar meu carro, mesmo depois de eu explicar que estava voltando para casa após uma sessão de fotos. Ele não conseguia entender por que eu estava fora de casa até altas horas da noite, tirando fotos, mas eu simplesmente tinha toda aquela dedicação e energia porque era algo que eu realmente adorava fazer.

⁓⁓

Porém, por mais que tirar fotos fosse divertido, eu não queria continuar trabalhando de graça. Queria trabalhos maiores e mais empolgantes do que ficar saltando em meio a folhas secas, vestindo um twinset e calças cáqui. Eu queria entrar no mercado de luxo, talvez até da alta-costura. Sinceramente, eu queria que as pessoas conhecessem o meu nome. Na época, eu já tinha enviado várias vezes as minhas fotos para a única agência de modelos de Dallas, a Kim Dawson, sempre com a esperança de finalmente conseguir um trabalho, o que eu sabia que levaria minha carreira ao próximo nível. Mas toda vez que eu mandava as fotos, recebia um "não" como resposta. E, como eu disse, não mandei apenas uma ou duas vezes. A maioria das garotas no meu lugar teria feito as malas e ido para casa. Elas teriam concluído que toda aquela rejeição significava que aquele tipo de trabalho simplesmente não era para elas ou que elas não tinham sido talhadas para a profissão. Eu vi isso acontecer tantas vezes... Garotas que se candidatavam para os mesmos trabalhos que eu e que aos poucos iam deixando de aparecer nos testes de elenco, quando as portas começavam a se fechar para elas. Mas eu não. No caso daquela agência de Dallas, eu pensava, "Só estão vendo minhas fotos; eles na verdade não conhecem o meu verdadeiro eu ou a minha personalidade. Tenho algo que todas aquelas outras garotas bonitas não têm. Dane-se essa porcaria de agência".

Concluí que, se eu quisesse me destacar das minhas concorrentes e persuadir aquela agência a me contratar, não podia esperar que batessem na minha porta. Então fui até a agência. Entrei no escritório da agência Kim Dawson com meu portfólio na mão e determinada a não sair de lá enquanto não me dessem uma resposta, de preferência que não fosse um "não".

Eu disse à recepcionista que precisava falar com Kim. Ela ficou com uma cara, tipo, "Tá, mas quem é você?".

Eu apenas repeti:

– Preciso falar com a Kim.

A garota estava claramente ficando nervosa e disse:

– Ela está numa reunião. Quem é você mesmo?

Eu continuei confiante e, mais uma vez, disse:

– Ela está em reunião? OK, vou esperar. Preciso falar com ela.

Fiquei sentada naquele maldito saguão uma eternidade até Kim voltar para a sala dela. A recepcionista me disse de má vontade que eu podia entrar e eu sabia que aquela era minha única chance. Eu falei para Kim:

– Olha, eu gostaria que você tivesse uma chance de conhecer a pessoa por trás destas fotos e ver que sou muito mais do que um rosto estampado num pedaço de papel. Eu sei que você vê centenas de garotas, mas eu tenho algo que essas garotas bonitas não têm. Por favor, apenas me dê uma chance.

E adivinha! Ela me deu. Ficou impressionada com a minha persistência (algumas pessoas chamam isso de mania de perseguidor psicopata, outros chamam de tenacidade). E, sim, ela realmente percebeu que eu não era como todas as outras garotas que ela tinha conhecido em seu escritório. Meu rosto era uma coisa, mas minha personalidade única era o que realmente me diferenciava.

Logo de cara ela me selecionou para um grande desfile na Dallas Fashion Week, com um estilista incrível chamado Oscar Fierro, que fazia vestidos fabulosos. Ele era um homenzinho de

1,65 m de altura e temperamento irascível, que estava muito além do seu tempo e selecionava todos os tipos de modelos para seus desfiles: garotas negras, plus size, trans... Ele me explicou que escolhia modelos não pela aparência, mas pela energia e paixão que emanavam. Ele elogiava o nosso caminhar e nossas poses na passarela, e estava sempre nos motivando, mas nunca dizia nada sobre nosso corpo, pois o trabalho nunca era físico ou superficial dessa forma. Eu adorava ser modelo por causa da sensação que isso me trazia, o que confirmava que o desempenho na passarela não se resumia a mostrar o corpo ou o rosto; era puramente uma troca de energia. Isso fazia eu me sentir poderosa e confortável na minha própria pele, algo que eu nunca tinha sentido antes. Eu era o próprio Kanye West andando na passarela.

Depois desse desfile, Oscar me colocou sob suas asas, como o pai gay que eu nunca tive. Ele passou a me escalar para cada um de seus desfiles e, quando fiz minha primeira foto para a revista *Vogue*, eu estava usando um dos vestidos dele. Oscar foi, na verdade, a primeira pessoa que acreditou em mim, a primeira pessoa que me disse que eu era incrível e que tudo era possível. Foi a primeira vez que alguém genuinamente me entendeu, e isso me deu a melhor sensação do mundo, como se eu pudesse fazer qualquer coisa se eu colocasse meu foco nisso. E o melhor de tudo? Era como se eu estivesse finalmente livre para viver a vida que eu sabia que estava destinada a viver, depois que deixei para trás os que duvidavam de mim e os que me odiavam. Enquanto isso, eu também estava começando a trabalhar como atriz. Assim que saí do ensino secundário, me matriculei nas aulas de teatro. Foi a primeira coisa que fiz porque sabia intuitivamente que atuar era o que eu deveria fazer na vida. Algumas crianças dizem que querem ser médicos quando crescer ou veterinários ou astronautas ou qualquer outra coisa, mas eu nem perdia o sono à noite pensando nisso, porque já sabia que atuar era o meu objetivo de vida. O que eu sabia era que queria entreter as pessoas. Sempre amei ser a palhaça da turma, fazendo piadas idiotas para as pessoas rirem. Eu ansiava por atenção e me sentia inspirada a usar a criatividade para criar algo novo. Além disso, adorava o escapismo de uma boa atuação. Eu poderia ser qualquer pessoa e estar em qualquer lugar. Era uma maneira de provar que havia muito mais em mim do que as pessoas viam. Eu não era simplesmente a loira burra; eu podia interpretar todos os tipos de personagem com muito mais profundidade. Eu ficava na frente do espelho e imitava as cenas que via nos filmes, combinando a cadência, o tom e as pausas das falas dos atores. Eu era capaz de repeti-las com perfeição e conseguia chorar num piscar de olhos. Depois de passar anos ouvindo as pessoas dizerem que eu não era boa em nada, isso foi algo que descobri que podia fazer muito bem.

Numa dessas aulas de teatro conheci Tony. Ele era um desajustado como eu. Por ser homossexual, ter crescido na igreja e frequentado esse lugar conservador, ele sabia o que era ser diferente e não se encaixar nos moldes que a sociedade impunha. Embora eu tivesse 18 anos e ele 42, nós nos tornamos grandes amigos. Todos achavam estranho, pela nossa grande diferença de idade, mas não dávamos a mínima para o que as pessoas diziam. Ele era meu mundo e inspirávamos as melhores versões de nós mesmos. Ele era meu maior líder de torcida quando comecei a participar de audições, o que eu fazia sempre que tinha uma oportunidade. Eu não me importava se era apenas para um comercial brega transmitido na TV regional, onde minha única fala seria "A minha dor de dente costumava me fazer ver estrelas!", ou para ser uma figurante que entrava e saía de cena calada. Eu queria acumular toda experiência que pudesse. Na época, havia incentivos fiscais para os estúdios filmarem programas de TV e filmes no Texas, assim como em Louisiana e Atlanta, então eu dirigiria quantos quilômetros fossem necessários, às vezes até oito horas, naquele Ford Focus caindo aos pedaços, que quebrava a cada cinco segundos, só para ficar na frente de agentes de elenco e diretores. Eu não me importava se era só para eu ficar de pé nos fundos ou se não receberia pagamento nenhum (ambas as coisas costumavam acontecer). Eu estava vivendo o melhor momento da minha vida ao realizar meu sonho de ser atriz. Eu me lembro do meu primeiro papel de uma fala apenas, em que eu fiquei, tipo, "Eu vou ter uma fala! Uau!". Foi incrível para mim...

Mas, por fim, toda aquela novidade passou. Os únicos papéis para os quais eu era convidada a fazer um teste eram de "líder de torcida" ou loira burra ou uma mulher bonita e burra à caça de um marido rico, só pelo dinheiro dele, não por amor. Eu ia muito bem nos testes e ainda assim, por algum motivo, não conseguia o trabalho. Como eu disse, sabia que era uma atriz incrível e sempre estava preparadíssima para os testes, mas nunca me escolhiam para o papel. Eu falava, tipo:

– Aqui diz que vocês estão procurando alguém de 1,75 de altura, olhos azuis e cabelos loiros. Qual é o problema, então?

E eles me diziam que a pessoa que tinha conseguido o papel era a sobrinha do diretor ou a babá da prima da irmã da mãe do melhor iluminador. Isso me fez perceber que não importava o quanto eu fosse talentosa, ainda teria que descobrir como me distinguir das outras garotas. Havia todas aquelas pessoas lá fora, que estavam obtendo vantagem puramente porque conheciam alguém importante. Eu não era ingênua, sabia que o sucesso naquele ramo de trabalho tinha muito a ver com os contatos que se tinha, mas eu não achava necessariamente que minha falta de prestígio me impediria de conseguir um papel, caso eu me mostrasse muito mais talentosa do que aquelas outras garotas. Eu sabia que ia ter que ser criativa para me destacar. Comecei a ser mais intencional no modo como eu agia, para fazer as pessoas se lembrarem de mim depois da audição, inventando desculpas para falar com o diretor ou convencendo-o a me deixar repetir as falas de maneiras diferentes, apenas para ter certeza de que tinham conseguido uma tomada que era exatamente o que procuravam. Eu sabia que eles estavam vendo quinhentos rostos por dia e eu precisava encontrar maneiras de fazê-los perceber que o meu tinha muito mais personalidade. Eu sabia que, se eles pudessem perceber isso, não haveria como me recusarem.

Finalmente, um dia, recebi a ligação de que estaria disputando um papel num filme chamado *Shark Night 3D*, o maior projeto para o qual eu tinha feito um teste até o momento. Mais uma vez, dirigi durante oito horas só para chegar ao local. Entrei, fiz minha audição e eles disseram, tipo:

– OK, muito obrigado, gostamos muito.

Como a maioria das audições, tinha sido rápido (eu repetindo algumas falas com o diretor de elenco, enquanto o diretor e alguns membros da equipe me observavam). Eu não estava fazendo o teste para o papel principal, por isso as falas eram mínimas. Para estender um pouco mais meu tempo durante o teste, pedi para repetir as falas de outro jeito, só para que eles pudessem ter uma ideia melhor do meu talento. Por fim, o diretor disse:

– Bem, se você quiser, podemos fingir que você está sendo devorada por um tubarão.

Ele só estava brincando, mas eu aceitei na hora. Era a minha chance de mostrar minha criatividade e me destacar. No mesmo instante, eu me deitei no chão e comecei a me debater e gritar, com lágrimas reais brotando dos meus olhos. Nas minhas aulas de teatro, isso era chamado de "atuar com método de interpretação", e foi isso que me fez conseguir o trabalho. O diretor lembrou daquela garota que interpretou uma cena em que era devorada por um tubarão, no chão da sala de conferência. E o mais importante: ele percebeu o quanto eu queria fazer o papel. Foi a minha grande chance. Eu não só consegui mais tempo em cena num longa-metragem, como meu rosto também foi estampado num outdoor na Sunset Boulevard. E daí que eu morria nos primeiros cinco minutos do filme?

Mas esse definitivamente não era o fim do conto de fadas, não tinha chegado nem perto. Claro, eu estava começando a ganhar a vida em meus próprios termos e tinha me libertado de muito do lixo acumulado pela mentalidade limitada com que eu tinha sido criada. Mas eu ainda queria muito mais para mim e ficava frustrada ao ver que o estilo de vida brilhante e glamoroso que satisfaria a minha alma ainda parecia fora do meu alcance. Eu tive um relacionamento turbulento com um homem mais velho, que me apresentou a algumas das melhores coisas da vida (vamos chamá-lo de sr. Valentino, e digamos que ainda há muito mais detalhes interessantes para contar a respeito dessa relação, mais à frente neste livro) e foi como se eu tivesse provado do fruto proibido. De repente, meu mundo pareceu muito pequeno. E se havia uma coisa com que eu tinha dificuldade para lidar era a impressão de me sentir presa e controlada. Parecia que não havia mais nada para eu fazer em Dallas, e foi nesse momento que eu soube que deveria levar minha vida para o próximo nível, por isso teria que me mudar para Los Angeles.

Consegui um apartamento pequeno e aconchegante, encontrei um agente que acreditou em mim e na minha carreira, e tudo indicava que as estrelas finalmente começariam a se alinhar para eu conseguir minha grande chance. Mas adivinhe! Isso não aconteceu. Longe disso. Fui a todas as audições possíveis, mas todos os papéis eram, mais uma vez, para "mulheres burras" ou "prostitutas burras" ou "caça-maridos burras". Também acontecia de eu finalmente conseguir algo sólido, dar tudo de mim no set com todos os outros atores, para representar o papel legítimo e profissional para o qual eu tinha sido selecionada, apenas para ter meu tempo de tela reduzido a uma cena de sexo. Para piorar, quando eu perguntava ao meu agente (do sexo masculino) que diabos tinha acontecido (pois eu só tinha concordado com a cena de nudez porque receberia em troca um bom papel), ele só dava de ombros e me dizia para deixar de lado a frustração, porque pelo menos eu tinha sido paga. Eu me sentia usada como um objeto e completamente indignada com aquele sistema que tratava as mulheres como meros corpos. Estou pedindo a você para sentir pena de mim porque eu era alta, magra, loira e bonita? Não. Mas não teria sido bom se pelo menos uma pessoa pudesse enxergar além do meu exterior? Com certeza. Eu tinha provado a mim mesma que tinha mais a oferecer ao mundo, mas por alguma razão ninguém mais acreditava nisso. Assim, depois de dois anos representando papéis menores e vagabundos que me reduziam a um objeto sexual, percebi que, se eu quisesse ter a chance de viver a vida dos meus sonhos, então teria que virar a mesa.

Mais uma vez, eu tinha chegado a um ponto da minha vida em que só via duas alternativas: eu poderia ir para casa com o rabo entre as pernas e admitir a derrota, ou poderia cavar mais fundo e encontrar outra maneira de alcançar minhas metas. Eu com certeza não ia voltar para o Texas (não depois da minha saída dramática); portanto, só tinha uma coisa a fazer: dizer ao Universo, "Cara, se você vai fechar tantas portas, o mínimo que pode fazer é abrir a droga de uma janela!". E ele fez isso. Ou, no meu caso, não uma janela, mas outro outdoor.

Depois de colocar o trabalho de atriz em banho-maria, decidi tentar entrar no ramo imobiliário. Fui apresentada a Jason Oppenheim, da prestigiada imobiliária do Grupo Oppenheim através de um lixo de ex-namorado. Mal sabia eu que ele estava dormindo com a Heather ao mesmo tempo que estávamos namorando e teve a coragem de recrutá-la para trabalhar no escritório comigo. Acabei descobrindo esse rolo todo, é claro, logo antes da minha icônica fala na primeira temporada: "É melhor você trabalhar, *bitch!*".

Heather e eu estávamos brigando por causa de um "cliente" (se é que podemos chamá-lo assim). Esse sujeito exigia uma porcentagem das comissões de todos os imóveis de todas as corretoras que ele levava para a Oppenheim, em caráter vitalício. Doentio, hein? Então, sete anos depois, ele traria outra "karen"[2] para o escritório, que atendia pelo nome de Emma. Ela tinha feito testes para o reality várias vezes e nunca tinha passado... até a quarta temporada, quando decidiram incluí-la. E com a infinidade de mulheres com que seu namorado tinha dormido, incluindo três de nós do escritório,

---

[2] "Karen" é o nome usado para designar o estereótipo de um tipo específico de mulher branca de classe média com comportamentos de quem está acostumado a privilégios e se sente superior a outras pessoas. (N. da T.)

digamos que isso tenha criado um clima meio pesado. Tirando esse fato, posso dizer que, na imobiliária, eu estava à vontade. Eu era praticamente a minha própria chefe e tinha liberdade para fazer o meu próprio horário. As casas eram elegantes e, depois que peguei o ritmo, a grana era incrível. Eu tinha talento para fazer amizade com pessoas novas, o que significa que eu preenchi rapidamente minha carteira de clientes com nomes que vinham direto do Who's Who de Los Angeles. E a minha experiência de vida me deu o jogo de cintura de que eu precisava para lidar com as disputas e embates da profissão. Mas, por mais que o setor imobiliário tivesse tudo que eu queria, não satisfazia meu anseio interior de ser atriz. Eu ainda queria atuar. O que eu percebia é que não havia nenhum personagem no momento que eu realmente quisesse representar. E não só isso, eu tinha ouvido muitas vezes que eu era talhada para um número muito limitado de personagens. E, para mim, isso só indicava uma coisa: eu precisava criar a minha própria personagem. E a personagem que eu mais queria representar era eu mesma. Eu queria poder estar na TV ou estrelar um filme sendo apenas "euzinha". Essa era uma fantasia distante, eu sabia, mas todas as noites, enquanto eu fazia o meu trabalho de manifestação (a magia da vida real que eu vou ensinar em detalhes a você no Capítulo 7), eu incluía esse objetivo.

    Todos os anos o Grupo Oppenheim fazia uma sessão de fotos com todas as corretoras e publicava uma delas num outdoor da Sunset Plaza. Um dia, Adam DiVello, o criador do

The Hills,³ estava andando de carro pela Sunset, quando viu o outdoor e ficou se perguntando, "Será que isso é mesmo real?!". Eu até entendo, um grupo de garotas gostosas muito bem produzidas e posando de modelos para... uma imobiliária? Então Adam entrou em contato com Jason e o irmão dele, Brett, e perguntou se topariam fazer um reality show. Nós todos nos reunimos para discutir a ideia e, de início, somente eu aceitei, além de Chrishell, que foi selecionada por causa do marido famoso e da promessa de que ele apareceria no reality. (Bem, isso acabou não acontecendo.) Foi preciso muita conversa, mas no fim todo mundo concordou e fomos em frente. Eu não tinha como saber o que esperar daquilo, mas percebi que já estava decidido, aquele era o momento de fazer a ideia funcionar para mim como pessoa, pois era tudo com que eu sempre sonhara desde garotinha.

Cinco temporadas e 1,8 milhão de seguidores no Instagram depois, transformei o reality na vida que sempre sonhei. Eu não aparecia simplesmente nas minhas cenas e depois deixava Deus e a Netflix fazerem o resto. Eu trabalhava pra caramba, seguia as regras do jogo, passava dias inteiros filmando, por semanas a fio, produzindo um reality viciante e digno de uma maratona, e construindo uma plataforma que abriu portas para toneladas de colaborações lucrativas, convites para ser embaixatriz de várias marcas e a produção de linhas de produtos de beleza incríveis, que vamos mostrar no

---

³ Reality show da MTV norte-americana que documenta a vida de um grupo de amigas em Los Angeles. (N. da T.)

decorrer deste livro. Resumindo: ao longo da vida, foram muitas as vezes em que me senti arrasada e poderia ter desistido de tudo, que me estressei, acabei com potes e mais potes de sorvete, enquanto odiava todos com quem cursava o ensino secundário. Eu poderia ter voltado para a segurança e a familiaridade do Texas. Poderia ter reclamado com todos com quem me deparei, dizendo quanto a vida é injusta, ou pensado que, se ao menos eu tivesse mais dinheiro, mais contatos, uma família com mais dinheiro ou um diploma universitário, eu teria tido mais sorte. Onde isso teria me levado? Nem um centímetro mais perto de viver a vida que eu queria ter ou ser a pessoa que eu sabia que estava destinada a ser. Então, não, eu não desisti. Eu me esforcei, fui em frente, abri meu caminho com dificuldade, superando todo os obstáculos, colocando em prática todas as lições de Boss Bitch que vou ensinar neste livro.

Sei que muita gente se ressente do fato de ter sido obrigada a ralar muito para chegar onde chegou. Mas eu só agradeço às tribulações por que passei. Sou muito grata por não ter recebido nada de mão beijada, porque isso me fez ser quem sou e me levou aonde estou. Veja minha amiga Amanda, a amiga mais próxima que tive na adolescência. Ela também sabia o que significava ser uma estranha no ninho. E, como nossas mães eram amigas, era a única pessoa com quem minha família me deixava sair. Bem, Amanda era podre de rica. O pai dela era o CEO da cadeia de lojas de eletrônicos RadioShack. O que estou querendo dizer aqui é que ele fundou aquele império desde os alicerces. Literalmente, foi ele quem criou o slogan: "Você tem perguntas, nós temos as respostas". E por isso ele estava montado na grana, é claro. A casa deles parecia saída do seriado *Dinastia* e eu desejava todos os dias ter nascido com o sobrenome Fallon Carrington. Eles foram os primeiros a comprar uma BMW Z3 zero quilômetro. Amanda sempre teve tudo de bandeja. Só para dar um exemplo, a garota tinha um colchão d'água antes que os colchões d'água entrassem na moda. Me diga para que uma adolescente de 15 anos precisa de um colchão d'água? Ela tinha bolsas e mais bolsas Louis Vuitton e toneladas de roupas e sapatos. Os pais davam a ela tudo o que Amanda podia querer. Ela foi para a faculdade, fez a coisa toda; depois recebeu carta branca para fazer qualquer coisa que quisesse, ir aonde quisesse, sem ter que levantar um dedo para conseguir tudo isso. E, quando ficou adulta, quer saber o que ela decidiu fazer? Servir mesas. Não me entenda mal, eu não acho que servir mesas não seja um trabalho digno. Mas aquela garota poderia ter feito coisas incríveis com os recursos que tinha. Há pessoas que matariam por esse tipo de privilégio. Na minha opinião, os pais da minha amiga deram tudo a ela, exceto os bens mais importantes que o dinheiro não pode comprar: garra, ambição e força de vontade.

Claro que eu não me sentia assim quando tinha 15 anos, mas, agora que sou adulta, dou graças a Deus por não ter ganhado tudo o que eu sempre quis, porque isso me transformou na pessoa forte e determinada que sou hoje. Não sei se teria trabalhado tanto se tivesse esse tipo de rede de segurança.

Cresci com o conhecimento muito real de como a vida pode ser difícil se você não tiver sucesso. Eu sabia que o meu país podia ser o lugar mais maravilhoso da Terra para se viver, mas também podia ser o mais cruel, se você não pudesse pagar o aluguel ou uma consulta médica. Porque não existe nenhuma rede de segurança. Ou você tem sucesso ou está no fundo do poço.

Meu marido Christian, e eu estamos sempre dizendo que não queremos que o nosso bebê, que também se chama Christian, seja criado em berço de ouro ou, como se diz na expressão em inglês, "com uma colher de prata na boca", e o mais hilário é que as pessoas estão literalmente nos enviando de presente colheres de prata da Tiffany's. Mas eu sei que o maior presente que posso dar a ele é a compreensão do que significa arregaçar as mangas e trabalhar de verdade. Eu digo isso agora (e sinta-se livre para me lembrar disso sempre), mas quero que ele aprenda as duras lições da vida e sinta aquela comichão por dentro que surge com a necessidade de fazermos o que é preciso para obter o que queremos. Essas coisas não vêm com um cartão de crédito sem limites. Elas surgem por necessidade. Surgem quando você sabe que, se quiser que uma coisa aconteça na sua vida, então deve fazer o que é preciso para isso acontecer. Isso inclui escrever seu próprio livro de regras, que para mim é o que você está lendo neste exato instante. Porque, acredite, se deixar alguém escrever as regras por você ou se você passar a seguir as de outra pessoa, a vida que você vai ter não será a que você queria.

O melhor exemplo disso é um sujeito chamado Bradley. Ele era "o cara" na minha nova escola do ensino secundário.

Era o alfa que os meninos queriam ser e as meninas desejavam namorar, era o rei do baile que toda rainha queria ter. Ele e eu crescemos em circunstâncias idênticas – éramos iguais em muitos sentidos. O mesmo nível de instrução questionável, a mesma situação financeira limitada, a mesma cidade natal pequena e que sugava a nossa alma. Perdemos contato depois do ensino secundário, mas, depois que a primeira temporada de *Sunset* foi ao ar (cerca de quinze anos depois que me formei), a diretora da minha escola me mandou uma mensagem pelo Instagram. Ela escreveu algo do tipo, "Eu não posso acreditar que é você! Estou tão orgulhosa com tudo o que você superou! Nem posso acreditar em tudo que conseguiu!". E tudo em que eu conseguia pensar era "Obrigada por me colocar na cadeia, sua bruxa", mas eu peguei leve dessa vez. Resolvi perguntar a ela sobre Bradley, porque eu estava realmente curiosa para saber o que havia acontecido com ele. Tinha tanto magnetismo, achei que com certeza tinha feito como eu, ido morar em alguma cidade grande e tido uma vida boa, construída com a sagacidade que ganhara nas ruas e seu raciocínio rápido. Infelizmente, não foi esse o caso. Acontece que ele estava preso por posse de drogas. Meu coração ficou apertado quando ouvi isso, não só porque é algo que eu não desejaria a ninguém, mas também porque ele tinha muito potencial. E foi um lembrete gritante de que algo semelhante poderia muito bem ter acontecido comigo. O caminho que ele seguiu era o único que me restaria caso eu tivesse ficado ali, aceitando empregos vagabundos e acreditando que eu não poderia fazer nada melhor. Mas alguma coisa em mim sabia que eu tinha que fazer tudo para encontrar outro caminho, mesmo que isso significasse abrir uma picada pela selva amazônica da vida.

Tudo isso é para dizer que você pode olhar para a minha vida e pensar que eu ganhei tudo de bandeja ao longo do caminho. Mas esse com certeza não foi o caso. Trabalhei como uma escrava para conseguir tudo que tenho. Decidi há muito tempo que não seria a garota que outra pessoa queria que eu fosse, e estava disposta a lutar para conseguir nada menos do que o melhor da vida. Eu tirava a minha bunda do sofá, não importava o quanto as circunstâncias da minha vida pudessem estar desagradáveis, e fazia a minha própria magia.

Tive alguns pontos baixos não faz muito tempo, como na ocasião em que Christian e eu gastamos uma fortuna no episódio que mostraria nosso casamento, porque os produtores do *Sunset* queriam incluí-lo na série, embora não tenham me dado uma única fala e todo o episódio tenha se resumido a lágrimas de crocodilo. Nós nunca teríamos gasto tanto dinheiro nem demonstrado tamanha ostentação se não fosse para conseguir mais tempo de exposição na TV. (OK, a quem estou querendo enganar?... A ostentação seria a mesma. Só não gastaríamos tanto dinheiro para demonstrá-la.) Parece que esqueceram por um instante a razão de estarmos ali e tudo nos pareceu puro desperdício.

O mesmo aconteceu quando eu não tive a gravidez, o parto e o pós-parto dos sonhos que eu vinha planejando. Não vou contar sobre essa parte da minha vida ainda, mas basicamente posso dizer que fiquei surpresa com toda a negatividade que as pessoas jogaram em cima de mim só porque a minha barriga de grávida não era do jeito que elas achavam que deveria ser; com o parto de emergência que tive, em vez daquele que pensei que teria, induzido pelo aroma de lavanda das velas Earth Mama; e com a depressão pós-parto que substituiu a doce e aconchegante fase pós-nascimento, que pensei que viveria naturalmente ao me tornar mãe. E mesmo depois de tudo isso, ainda tive de lidar com as pessoas que me procuravam para dizer que, por algum motivo, eu não atendia às expectativas delas sobre como uma mãe deveria ser... e essa foi a maior sacanagem de todas.

NÃO DEIXE A VIDA SACANEAR VOCÊ

Quer saber? A vida pode sacanear você muitas vezes, mas é preciso seguir em frente de qualquer maneira. E não só isso, você tem que ser ainda mais sacana que ela e dar a volta por cima. Ser perseverante sempre vale a pena porque, não importa o quanto isso pareça clichê, as coisas sempre acabam melhorando. Tudo bem, talvez elas piorem antes de melhorar, mas não há nada que um pouco de empolgação, trabalho árduo e técnicas de manifestação não possa dar um jeito. O universo existe num equilíbrio – luz e sombra, quente e frio, sol e lua, yin e yang, bom e mau, eu e Chrishell... você já captou a ideia. Quando coisas ruins acontecem, coisas boas acabam por contrabalançá-las e o equilíbrio é restabelecido, mas só se você estiver determinada a fazer essas coisas boas acontecerem. E não só isso, essas coisas "ruins" são, na realidade, lições disfarçadas. Toda a sabedoria e perspectiva que ganhei na vida foi resultado dos obstáculos e contratempos que enfrentei. Eu não deixo que as dificuldades me derrubem – não mesmo! Eu as empurro de volta com mais força ainda. Até que, por fim, todas as lombadas e solavancos se tornam o meu parque de diversões pessoal. Portanto, realmente acredito que toda fase ruim só serve para mostrar a força que você tem e lhe dar a chance de ser um pouco mais. E se eu consegui chegar aonde eu queria estar, ou seja, estrelar uma série de sucesso, administrar minhas próprias empresas, morar em casas de milhões de dólares pelo mundo afora, cruzar o mar Adriático em plena terça-feira –, então você também pode. Mas, para isso, tem que parar de sentir pena de si mesma e tirar a bunda deste maldito sofá!

MÃOS NA MASSA, *BITCH*!

Ao longo deste livro, você vai aprender algumas das minhas lições para viver a vida na sua melhor versão Boss Bitch. E, para ajudá-la a implementar esses ensinamentos, incluí alguns exercícios para você colocar essas lições em prática. Eu não estou tentando cortar o seu barato, obrigando-a a fazer uma tonelada de lição de casa (apesar de eu adorar ser uma professora malvada às vezes), mas acho importante que você reserve um tempo para realmente absorver essas lições e deixar que elas conectem seu cérebro e seu coração com a vida que você quer. Para se tornar uma Boss Bitch, você só tem que mudar de atitude. Quanto mais sua perspectiva mudar, mais você verá os demais aspectos da sua vida começarem a mudar também. Reservar um tempinho para fazer esses exercícios é a maneira mais eficaz de provocar essas mudanças. Além disso, sempre acreditei que, mais do que apenas meditar ou dizer que vai fazer alguma coisa, colocar a caneta no papel é um catalisador superpoderoso. O ato de fazer anotações começa a estimular sinapses no seu cérebro, até que você se torne capaz de ver a matriz da Boss Bitch por si mesma.

Para esta lição, quero que você entenda que nada é permanente. Nem mesmo os marcadores permanentes da Sharpie, que são os melhores do mundo! Isso porque a caneta mágica Mr. Clean Magic Eraser é capaz de remover qualquer tipo de tinta de forma rápida e eficaz. Pense nisto, se nem o padrão ouro das canetas permanentes funciona de verdade, o que isso pode significar quando você pensa no seu passado? Por mais que você ache que as pessoas estão prestando atenção em você e na sua vida, saiba que ninguém está escrevendo sua história de vida com tinta permanente. Acredite em mim, as pessoas se preocupam tanto com elas mesmas que nem sequer percebem o que pode estar acontecendo do seu lado da cerca. Não importa onde você esteve, o que fez, as merdas que causou, suas grandes realizações, suas trágicas escolhas, as péssimas decisões que tomou no seu relacionamento, as vezes em que foi demitida, seu casamento que acabou em divórcio, o fato de ter perdido tudo... Nada disso importa. Isso porque você sempre pode ter uma caneta mágica Mr. Clean Magic Eraser na mão! Ela está sempre ali para apagar qualquer erro que você possa ter cometido, a vida que achou que tinha que viver ou a pessoa que pensou que tinha que ser.

Agora eu quero que você pense num dos piores momentos da sua vida. Olhe de verdade para isso. Analise muito bem. O que esse episódio teve de tão ruim? Como ele a fez se sentir? Como afetou a sua vida? Agora que já fez essa análise, pense: e se você pegasse sua caneta Magic Eraser e começasse a apagar esse fato até transformá-lo num borrão? Será que conseguiria olhar para ele do seu espelho retrovisor e não através do para-brisa? Quero que você comece a recontar essa história para si mesma, mas, desta vez, assumindo o controle da situação. Pense nas lições que ela lhe ensinou ou como pode ter tornado você mais forte. Talvez isso a impeça de tomar mais decisões ruins ou a motive a fazer as mudanças necessárias na sua vida. Quaisquer que sejam suas respostas, anote-as por escrito e revise-as sempre que se sentir gravitando em torno daquele sofá.

Capítulo 2

Os Cinco Estilos de Boss Bitch

Isso pode pegar você de surpresa, mas saiba que o primeiro passo para se tornar uma Boss Bitch não é vestir calças de couro vermelhas, entrar no escritório do seu chefe, mandá-lo para o inferno e sair dali se sentindo o máximo, pronta para viver uma vida diferente e muito melhor. Quero dizer, se isso é o que você quer fazer, vá em frente, garota. Mas, antes de pular no precipício, você precisa primeiro fazer um curso de treinamento Boss Bitch para iniciantes. Esse curso começa fazendo você mergulhar mais no fundo, levando-a, por exemplo, a perguntar a si mesma: o que eu mais valorizo? O que eu mais quero na vida? Você precisa ter muita clareza sobre o que é mais importante para você, para que possa definir seus objetivos, seu trabalho e seus relacionamentos de acordo com esses valores, de modo que eles sejam sob medida para você. Estamos falando aqui de "alta-costura", *bitch*, porque, depois que você aprende a fazer isso, não há limites para o poder que pode ter.

Todos nós valorizamos coisas diferentes na vida. Isso faz parte do que nos faz ser quem somos. O que eu mais valorizo é a liberdade. Desde que eu tinha 15 anos, procuro me afastar de empregos, pessoas e situações em que sinto que estão tentando me controlar, porque não sou feliz se eu não for uma HBIC[1] ou, como dizem por aí, a Dona do Pedaço.

Mas talvez a independência não seja o que você mais valoriza. Algumas pessoas dão mais valor à conexão emocional. Para outras, é o dinheiro que fala mais alto. Também existem aquelas que só querem poder ou uma boa reputação. Talvez você seja uma verdadeira hedonista e só queira prazer, ou seja uma aventureira e busque experiências de vida inusitadas. Seja o que for, essa é a chave para desbloquear seus maiores e mais autênticos desejos. É por isso que eu desenvolvi o que eu gosto de chamar de Cinco Estilos da Boss Bitch, ou Arquétipos Boss Bitch. São eles a Boss Bitch Diva, a Boss Bitch Disfarçada, a Boss Bitch Matriarca, a Boss Bitch Criativa e a Boss Bitch Executiva.

Todas as mulheres que conheço se encaixam em pelo menos uma dessas categorias. Você pode achar que estou bancando a adivinha aqui, mas é a mais pura verdade. Sei que somos todos como flocos de neve, únicos e especiais, mas

---

[1] Gíria da internet que significa "Head Bitch in Charge", em referência a uma mulher empoderada e com autoridade. (N. da T.)

todos temos mais em comum do que pensamos, a começar pelo nosso estilo Boss Bitch. Se fizer o teste a seguir, você vai descobrir qual é o seu estilo e poderá aplicar os resultados ao longo deste livro a fim de elaborar seu novo plano de vida.

Agora é hora de canalizar sua Cher Horowitz[2] interior e responder, com sua caneta de plumas cor-de-rosa, às perguntas do questionário a seguir. Não se preocupe, será simples e divertido. Por quê? Você achou que eu incluiria problemas de álgebra no segundo capítulo do meu livro? Então não me conhece.

Agora, mãos à obra.

QUE TIPO DE BOSS BITCH VOCÊ É?

Em cada pergunta, circule a alternativa que mais corresponde à sua personalidade, mesmo que não seja a resposta exata. Leve mais em conta o espírito da pergunta do que os detalhes. Se você realmente não conseguir se decidir entre duas respostas, porque ambas se aplicam a você igualmente, marque ambas. Muitas Boss Bitch têm qualidades que correspondem a mais de uma categoria e esse pode ser o seu caso.

1. Eu adoro meu trabalho porque ele me permite:
   a) Fazer negócios que rendem muito dinheiro.
   b) Construir coisas do nada.
   c) Cuidar daqueles com menos poder que eu.

---

[2] Personagem icônica do filme *As Patricinhas de Beverly Hills*, interpretada por Alicia Silverstone. (N. da T.)

d) Ser o centro das atenções.
e) Ser quem controla os cordões das marionetes por trás da cortina.

2. **A única coisa de que não gosto no meu trabalho é:**
   a) Quando as pessoas tentam me dizer como fazer o meu trabalho.
   b) Trabalhar num ambiente que não me traz nenhuma inspiração.
   c) Quando uma pessoa por quem sou responsável sai prejudicada.
   d) Aqueles raros momentos em que ninguém está prestando atenção em mim.
   e) Quando alguém chama a minha atenção por algo (bom ou ruim) que eu não quero que ninguém saiba que eu fiz.

3. **Minha maneira favorita de passar o fim de semana é:**
   a) Trabalhando.
   b) Buscando inspiração.
   c) Planejando e executando uma atividade familiar.
   d) Indo a um espetáculo ou show de música (ou melhor ainda, participando de um deles).
   e) Tirando um tempo para mim, para que eu possa relaxar, ficar sozinha e pensar.

4. **Meu estilo pessoal pode ser mais bem descrito como:**
   a) Executiva chique.
   b) Fada boho da floresta.

c) Uma mãe sexy.
d) Mulherão extravagante, daqueles de parar o trânsito.
e) Clássica e discreta.

5. A pessoa pela qual eu provavelmente vou me apaixonar é:
a) Alguém rico e poderoso como eu, com experiência em negócios, e que pareça tão sexy num terno caro que não consigo não imaginá-lo despindo-o, peça por peça.
b) Um músico, artista ou escritor, mas não do tipo que vive no sofá dos pais. O tipo que realmente vive do seu trabalho e é extremamente talentoso, mas não vive torturado de uma forma debilitante.
c) Meu par perfeito consegue fazer todas as coisas que eu não consigo ou não quero fazer, mas não me tolhe quando eu quero fazer algo por mim mesma e apoia minhas grandes decisões. Ele só não me completa porque eu já sou completa, mas é uma ótima pessoa para estar ao meu lado e me dar apoio.
d) O tipo forte e silencioso, que se contenta em ficar nos bastidores e assiste com admiração enquanto roubo a cena, atento a cada um dos meus movimentos. Quando chegamos em casa, não conseguimos manter as mãos longe um do outro.
e) Tradicional, gentil e discreto, mas com dons secretos que compartilha apenas comigo. Parecemos o casal perfeito aos olhos das outras pessoas, mas nós dois sabemos, na privacidade do quarto, que há muito

mais complexidade (e paixão) em nosso relacionamento do que sugerem as aparências.

6. Aqui está minha opinião sobre espiritualidade:
a) Eu apenas procuro manifestar sucesso e abundância.
b) Meu trabalho criativo é minha religião, mas não estou dizendo que não sou inspirada por um poder superior nem que não canalize energia desse poder.
c) Toda a minha família frequenta os mesmos cultos, mas eles podem acontecer numa igreja, sinagoga ou mesquita, ou podem ser sessões de meditação zen ou momentos em que nos sentamos ao redor da mesa de jantar e conversamos sobre o que nos inspirou naquele dia. A espiritualidade assume muitas formas, mas o que importa é que a família permaneça unida ao fazer isso.
d) A meditação é um espaço silencioso muito necessário no início e/ou no fim do meu dia. Ela me ajuda a manter as coisas em perspectiva e a lembrar quem eu sou, enquanto vivo minha vida fabulosa e muito pública.
e) Eu tenho uma vida espiritual muito pessoal que eu mesma criei e não é da conta de ninguém. Eu não falo sobre isso, mas ela é importante para mim.

7. Eu diria que um verdadeiro amigo:
a) Pode brincar comigo e tem um raciocínio tão rápido quanto o meu, mas também sabe relaxar e me ouvir quando eu preciso desabafar.

b) Me entende e compreende (e ama e aprecia) o que eu faço, mesmo quando outras pessoas não entendem o meu ponto de vista.
c) Pode sentar na minha cozinha comigo e beber café ou chá (ou vinho!) e conversar por horas sobre tudo, não importa o que esteja acontecendo ao redor, incluindo o típico caos familiar (crianças gritando, cães latindo, seja o que for); um verdadeiro amigo não arreda pé.
d) É meu fã número 1!
e) Sabe guardar segredo.

8. **Meu maior medo é:**
   a) Falhar
   b) Ser bloqueada.
   c) Ficar sozinha.
   d) Ser ignorada.
   e) Falar em público.

9. **Meus filmes, livros ou programas favoritos geralmente são sobre:**
   a) Pessoas ricas ou extremamente bem-sucedidas que enfrentam o desafio de administrar seus impérios, seu patrimônio ou sua reputação, e se saem bem no final.
   b) Biografias de artistas ou qualquer coisa sobre o mundo das artes ou do show business, ou histórias românticas a respeito de escritores ou jornalistas em países estrangeiros. Se for sobre um gênio criativo, sou viciada.
   c) Dramas familiares. Adoro conhecer a dinâmica de famílias excêntricas complexas.

d) Qualquer coisa que inclua roupas fabulosas e pessoas bonitas. Melhor ainda se elas cantarem!
e) Mistérios, dramas criminais, qualquer coisa que me desafie a descobrir o que realmente aconteceu.

10. **Meu lema pessoal é:**
    a) O sucesso alcança aqueles que estão ocupados demais para correr atrás dele.
    b) Faça o que você ama e o dinheiro será uma consequência.
    c) Ninguém ama você da mesma forma que a sua família.
    d) Carisma é algo que não se aprende. Você nasce com ele.
    e) Seja íntegro no anonimato e humilde quando for o centro das atenções.

RESULTADO

Se a maioria das suas respostas foi A: Você é uma BOSS BITCH EXECUTIVA

Quando se trata de negócios, você tem sabedoria. Seu sexto sentido orienta suas ações e você está quase sempre certa (e quando está errada, sabe exatamente como corrigir a situação). Você é um tipo especial de Boss Bitch, porque está sempre um passo à frente e no centro das atenções, num mundo ainda dominado pelos homens, mas isso não a perturba. Na verdade, você gosta e usa isso a seu favor. Seu jeito para os negócios é conhecido e respeitado nos mais altos níveis do seu campo de trabalho, e ninguém nunca diz: "Ela é muita boa no que faz... apesar de ser mulher". (E quem faz esse tipo de comentário é descartado com tamanha rapidez que nem sente quando você o provoca com sua língua ferina.) Você nem precisa se gabar, porque seu trabalho e seu sucesso consideráveis falam por si mesmos. Se você é daquelas que sabe usar um terno caro e ainda assim parecer 100 por cento mulher, se nunca se intimida numa sala de reuniões, se usa ombreiras para ocupar todo o espaço que merece e se quebra todos os tetos de vidro (ou planeja fazer isso) com sua pasta Gucci, você é uma Boss Bitch Executiva.

Se a maioria das suas respostas foi B: Você é uma BOSS BITCH CRIATIVA

Você tem talento, tem estilo e sua criatividade não conhece limites. Talvez você seja uma artista, escritora, musicista, chef de cozinha, estilista ou designer. Talvez seja apenas um gênio quando se trata de combinar roupas ou sabe como ninguém quais cores funcionam melhor juntas. O que faz de você não só uma pessoa criativa, mas uma Boss Bitch Criativa, é que você está no ápice da sua carreira profissional ou perto de chegar lá. Você nunca deixa alguém lhe dizer que a criatividade não tem aplicação prática nem é importante, porque você sabe que é, e foi justamente ela que a fez chegar aonde você está hoje. Seu trabalho pode ser criar (seja pinturas a óleo ou campanhas publicitárias), ou talvez seja o que faz você se destacar em sua profissão normalmente não criativa (é incrível o que pode acontecer quando uma diretora financeira, uma médica, uma advogada, uma contadora, uma consultora financeira ou uma vendedora usa sua criatividade no trabalho). Algumas Boss Bitches Criativas são introvertidas e isso é perfeito. Você precisa desse tempo sozinha para deixar sua criatividade amadurecer e fluir, antes de entrar em cena com armas em punho. Outras são mulheres talhadas para estar na linha de frente de qualquer negócio e podem convencer qualquer um de qualquer coisa, graças ao modo criativo como abordam os problemas. Seja qual for a sua personalidade, uma Boss Bitch Criativa sabe que a verdade é o que há de mais belo e que a criação em todos os sentidos é um direito nato da mulher. Esse é o segredo do seu sucesso.

Se a maioria das suas respostas foi C: Você é uma BOSS BITCH MATRIARCA
Se a Mama não está feliz, ninguém está feliz. Você é a chefe da família, quem toma as decisões, a provedora da família e quem a comanda, assim como os presidentes governam um país (estou falando dos bons). Sua bolsa está sempre abastecida com itens essenciais, que põem no chinelo o cinto de utilidades de qualquer tropa de elite. Você é capaz de prever todos os cenários e pode calcular a probabilidade de todos os desastres possíveis. As crianças a amam, os homens a respeitam, outras mulheres querem ser como você e todo mundo sabe que é melhor não ficar no seu caminho nem impedir a sua passagem. A maternidade é algo natural para você, mas a liderança também. Ninguém diz a uma Boss Bitch Matriarca o que fazer, porque ela já sabe. Você tem um instinto protetor feroz e dominante, e é conhecida por exibi-lo na diretoria das escolas, quando acha necessário defender qualquer criança injustiçada, mesmo que não seja o seu filho. Você leva a sério sua responsabilidade de ser um exemplo, para que suas filhas cresçam fortes e confiantes e seus filhos nunca tirem vantagem das

mulheres nem as vejam como alguém que podem controlar. Você pratica o que prega, tem sabedoria e faz com que todos ao seu redor se sintam seguros, protegidos e amados.

Se a maioria das suas respostas foi D: Você é uma BOSS BITCH DIVA

A Boss Bitch Diva faz questão que todos saibam que ela é uma Boss Bitch. Você é uma atriz nata, que está sempre no centro do palco em todos os aspectos da sua vida. Você se veste mais para deixar sua marca pessoal do que para impressionar. Você não esconde seu egocentrismo e, surpreendentemente, ninguém se incomoda com isso. Na verdade, todo mundo adora! Isso porque você é carismática e magnética. As pessoas adoram ficar perto de você e ser como você. Como mariposas atraídas pela chama, elas imitam seu estilo, seus trejeitos e sua autoconfiança, mas ninguém na verdade sente a mesma confiança interior inabalável da Boss Bitch Diva. Você nunca será subestimada, rejeitada, traída ou usada como capacho (isso porque você pode, por exemplo, destruir o escritório de quem tentar fazer isso). Você sabe se vingar de maneira magistral e muitas vezes pública e, por algum motivo, sempre sai ilesa. Quer dizer que você gosta de aplausos? Seguidores? Elogios e bajulação? Claro! Quem não gosta? Mas seu verdadeiro segredo é que você não precisa de nada disso, porque seu senso de identidade permanece intacto e você ama ser quem é, incondicionalmente. Algumas divas vivem cheias de dúvida e estão sempre atrás da aprovação dos outros. Você não. Sua própria aprovação já é suficiente; no entanto, você gosta dos holofotes e sabe como manter os fãs gravitando ao seu redor, ávidos para ver mais algumas das suas peripécias. Você provavelmente é fotogênica, tem muitos seguidores nas redes sociais e sempre está subindo em algum tipo de palco no trabalho, mesmo que não seja literalmente. O mundo precisa das Boss Bitches Divas, não apenas pelo entretenimento que elas proporcionam, mas por oferecerem inspiração, motivação, aspiração e a lembrança de que as mulheres são, e sempre foram, deusas.

Se a maioria das suas respostas foi E: Você é uma BOSS BITCH DISFARÇADA
Na superfície, você não parece uma Boss Bitch. Parece uma pessoa muito simpática, educada e sensata, sempre pronta a perdoar e demonstrar empatia. A maioria descreve você como uma pessoa compassiva, gentil, generosa e cortês..., mas é preciso ter cuidado, porque, se alguém ficar em seu caminho, não vai se safar. Você não vai fazer algo óbvio ou público como a Boss Bitch Diva faria, mas até o seu modo dissimulado de fazer justiça deixa perfeitamente claro quem está no comando e não aceita que lhe deem ordens. Você é astuta, tem um raciocínio rápido e uma inteligência discreta que apenas os mais próximos realmente conhecem e apreciam. De certo modo, você se sente como um agente disfarçado. Gosta que a maioria não conheça de fato o seu verdadeiro eu, porque quem você é não é da conta de ninguém. Acima de tudo, você é dona do seu nariz. À sua maneira silenciosa e impressionante, você executa seu próprio espetáculo, sem a compulsão de anunciá-lo e sem precisar de ninguém julgando se você é legal ou não. Você sabe que, em terra de

cego, quem tem um olho é rei. Mas você sabe quem é a rainha? A Boss Bitch Disfarçada.

CRIE UM MANTRA

Agora que sabe que tipo de Boss Bitch você é, é hora de criar um mantra para si mesma. Falaremos mais adiante sobre manifestação e como essa técnica tem o poder de criar mudanças incríveis na sua vida. Mas, por enquanto, confie em mim quando digo que ter um mantra, ou uma declaração que você mesma faz e repete para lhe servir de lembrete, é algo que ajuda a treinar o seu cérebro para acreditar no que você quer, tornando seus pensamentos muito mais reais. Estamos falando aqui de uma espécie de bruxaria de nível superior.

Parte da razão por que eu quero que você faça este exercício é que, no momento, seu estilo de Boss Bitch pode estar parecendo algo um pouco... abstrato. Você pode até se identificar com ele, talvez até senti-lo com a sua alma, mas, quando se trata da sua vida cotidiana, eu entendo que as coisas possam parecer mais como Dora, a Exploradora, do que com o Capitão Marvel. Quero dizer, você não estaria lendo este livro se já soubesse como agir, certo? E não estou fazendo nenhum julgamento aqui.

Eu quero que você volte para o que estávamos discutindo no início deste capítulo: o que você mais valoriza. Agora que sabe que tipo de Boss Bitch você é, use isso para lembrá-la da sua maior motivação: Poder? Controle? Criatividade? Verdade? O cuidado com todos à sua volta? Justiça?

Agora escreva uma ou duas frases sobre quem você é e qual é a sua principal motivação. Eu vou fazer isso primeiro:

Eu sou uma Boss Bitch Diva e sempre buscarei a liberdade em todas as áreas da minha vida. As oportunidades são infinitas. O dinheiro flui para mim multiplicadamente. Sou feliz, saudável, rica e amada.

Agora é a sua vez. Nada de hesitação. Nada de dúvida. Nada de desânimo.

Depois de fazer suas anotações, guarde o papel em algum lugar no qual você possa vê-lo regularmente. Fixe-o no espelho, na sua gaveta de lingeries, no painel do seu carro, onde quer que possa vê-lo e lê-lo para si mesma regularmente. Fazer é acreditar. O futuro é seu, *bitch*!

Capítulo 3

Custa Muito Caro para Ter Esse Look Barato

Todo o crédito pelo título deste capítulo vai para a fabulosa Dolly Parton, que tem um estilo próprio como ninguém. E não é só isso, o que ela adotou de fato funciona para ela. Afinal, alguém pensa em outra pessoa quando vê peitos enormes e um cabelo platinado, repicado e superarmado? Essas características são a marca registrada dela, a marca Dolly Parton. Acredite em mim, querida, ter estilo é muito mais do que colocar roupas em seu corpo. Estilo é algo de muita importância. Não é apenas talento para montar um look (mesmo que você tenha um talento Jedi para isso, assim como eu), nem aquilo que você veste para postar nas redes sociais antes de voltar a trajar seu moletom (estou de olho em você, *bitch*). De acordo com o Guia Oficial de Christine Quinn Sobre Como Saber Viver, o estilo é a expressão exterior do seu eu interior. Isso quer dizer, então, que as Louras Burras nunca terão muito estilo? Falando sério agora, estilo é quando você mostra ao mundo quem você realmente é. Como diria a incomparável drag queen RuPaul: "Você nasceu nua e o resto é drag". Em sua Master Class (imperdível!), Ru explica que tudo que você veste é, em essência, algo que foi construído intencionalmente. O drag não muda quem você é; só revela quem você é. Você só precisa conhecer a si mesma, saber o que funciona para você e o que parece certo no seu caso. É isso aí, *bitch*!

Isso é importante porque ter estilo lhe dá a chance de se destacar e assumir quem você realmente é. Eu moro numa cidade onde pessoas bem-dotadas graças à genética (ou às cirurgias plásticas...) são encontradas aos montes. Modelos de passarela esculturais percorrem as ruas de West Hollywood como se fossem algum tipo animal exótico de um programa de preservação de espécies ameaçadas. Eu observo essas criaturas em seu hábitat: enquanto tomam seu café com leite de amêndoas light sem espuma pela manhã, no Starbucks. Essas mulheres não parecem saídas diretamente das revistas de moda. Elas saíram de fato das revistas de moda. Todas são lindas e têm um bronzeado perfeito, graças a várias sessões de bronzeamento a jato; lábios volumosos preenchidos com ácido hialurônico e o rosto esculpido à base de botox e preenchimento. Numa cidade com tantas pessoas de aparência perfeita, como você vai conseguir se destacar? Tendo ESTILO.

De acordo com estudos da Universidade da Califórnia, 93 por cento da nossa comunicação é não verbal. O que isso significa? As mensagens que transmitimos a outras pessoas têm muito pouco a ver com as palavras que usamos. Leva apenas sete segundos para o cérebro humano formar uma impressão. Então você tem apenas uma chance de se destacar. Ter uma aparência diferenciada é uma oportunidade de projetar uma mensagem de confiança, sucesso, sedução, inteligência, simpatia, elegância... Qualquer que seja a vibração que você queira que as pessoas captem de você, o estilo é a sua linguagem.

Pense nisto: quando as pessoas dizem para você se cobrir ou se vestir de uma certa maneira, como você se sente? Você sente isso como uma intrusão, não é? Sim, porque o modo como você se veste é algo pessoal! E na maioria das vezes, se alguém implica com a sua aparência exterior, é provável que esteja com medo do que você é por dentro, está com receio do seu poder. É por isso que a maioria das pessoas bem-sucedidas aparenta e se veste exatamente como elas querem, sem medo. Elas sabem exatamente quem são e querem que o mundo saiba também. Eu sei que, depois que descobri meu estilo, me recuso a deixar que outra pessoa o controle (seja quem está à minha volta, dizendo o que é certo ou errado, ou a voz na minha cabeça, dizendo que eu "deveria" estar fazendo as coisas de uma certa maneira). Mas isso não aconteceu do dia para a noite.

Minha primeira visão do meu próprio estilo me ocorreu quando eu tinha 20 anos. Eu estava trabalhando num bar em Dallas, estava noiva de um sujeito com quem eu não tinha certeza se realmente me casaria (não se preocupe, eu vou contar os detalhes sórdidos a respeito disso no Capítulo 6, mas, por enquanto, vamos apenas chamá-lo de sr. Valentino). Um dia, esse homem maravilhoso de 40 anos, olhos azuis, cabelos pretos penteados para trás e muito bem-vestido, sentou-se no bar. Ele me olhou de cima a baixo (eu estava vestindo a roupa preta básica exigida de todos os bartenders, mas tinha acrescentado um toque pessoal no uniforme, um corpete com calça jeans e, convenhamos, eu tinha uma aparência boa demais para me vestir "de acordo com as regras") depois disse sem rodeios a coisa mais sexy que um homem já me falou: "Você ficaria maravilhosa num vestido Valentino e num par de Louboutins". Não é algo bem ousado para se dizer? E sabe de uma coisa? Ele estava certo. Quando o sr. V disse isso, uma chave simplesmente virou em mim. Ele tinha descrito exatamente o jeito como eu não só queria, mas merecia me vestir.

Observe os sapatos de uma pessoa na rua e nem sempre você vai poder dizer se ele custou 5 dólares ou 5 mil. Mas você sempre pode dizer quando eles são Louboutins. A sola vermelho-cereja é algo que instantaneamente os diferenciam. Você pode identificar um par a um quilômetro de distância. Ao ver esses sapatos em alguém, você sabe na hora: essa é uma mulher cara. Quanto a Valentino, ele é o designer de moda italiano que mais conhece o corpo de uma mulher. Ele faz o tipo de vestido elegante e fabuloso que eu só tinha visto nas passarelas. Na época, a ideia de alguém ter um Valentino no guarda-roupa era, para mim, algo nível Kim Kardashian. Inatingível. Então, claro, eu queria ter um. Queria usar roupas que provassem a todas as pessoas que duvidavam de mim que elas estavam erradas. Aquelas vozes na minha cabeça que diziam: "Você não está fazendo nada de bom", "Você não vai ser ninguém na vida", "Volte para a escola e resolva todos os seus problemas" foram silenciadas quando pensei sobre o poder que tinham um vestido Valentino e sapatos Louboutins.

Quando o sr. V fez esse comentário, eu disse a ele:

– Sim, não seria incrível poder comprar essas roupas?

E a resposta dele foi:

– Que tal se eu a levasse para fazer compras?

Hum... O QUÊ?!

– O que quer dizer? – perguntei.

– Peço apenas que aceite meu convite – disse ele. – Vamos almoçar. Encontre-me no shopping. Vamos almoçar e fazer compras.

Obviamente, isso me pareceu um pouco estranho. Mas eu não pude resistir à oferta. Eu não sou de recusar um almoço grátis. (Pedi lagosta, evidentemente!) Claro que eu queria ver se ele estava falando sério sobre as roupas, mas ele também era um homem atraente, confiante e sofisticado. Eu tinha que saber mais. Por mais bizarro que aquilo fosse, minha curiosidade (e meu desejo de ter aqueles sapatos) eram fortes demais para eu resistir.

Fiel à sua palavra, o sr. V e eu nos encontramos para almoçar e depois ele me levou para fazer compras. Não estou brincando, esse homem gastou dezenas de milhares de dólares em roupas e sapatos para mim (estou falando de um cenário do tipo Julia Roberts em *Uma Linda Mulher*, sem o lance da prostituição). Na época, fazia anos que eu me sustentava com um emprego decente (ou quase), mas aquela quantia de dinheiro ainda era uma coisa de outro mundo para mim. E ainda havia um pequeno detalhe: eu estava noiva de outro homem... Mas voltemos às roupas...

Aquela maratona de compras com o sr. V foi o pontapé inicial para eu desenvolver meu estilo próprio e (alerta de spoiler) começar um relacionamento tumultuado com esse homem. Ele me fez perceber que eu queria mais da vida do que meu noivo me oferecia ou poderia um dia oferecer. Meu noivo, o sr. Zé-Ninguém, estava em casa, bebendo cerveja sentado no sofá, enquanto eu estava com uma taça de Dom Pérignon, deitada num sofá Boca do Lobo com o sr. V. Ele viu algo em mim e queria me ajudar a chegar aonde ele sabia que eu poderia ir, e o primeiro grande impacto que exerceu sobre mim foi despertar algo em meu interior que estivera revirando em minhas entranhas durante toda a minha vida.

Experimentar aquelas roupas incríveis me fez perceber que eu podia me sentir bem no meu corpo. Na adolescência, eu era alta, magra e desajeitada. Sabe quando dizem para não confiarmos em tudo que lemos na internet? Bem, eu sei disso por experiência própria. Os sites diziam que eu deveria ter no máximo 1,70 m, mas, cara, eu tenho 1,77 m. São quilômetros de mulher. Quando eu era mais jovem, odiava isso. Eu me sentia como uma tripa. Era por isso, entre outras coisas, que eu queria ter seios maiores, para poder me sentir mais confiante e sexy (como se meu corpo pudesse convencer meu cérebro). Depois que eu finalmente consegui colocar silicone, aos 21 anos de idade, queria mostrar meu corpo mais do que nunca. (Como sempre digo, quanto mais empinado o peitinho, mais perto estamos do céu!) Eu queria usar roupas que me deixassem mais confiante, que se ajustassem às minhas curvas e que mostrassem que eu não estava nem aí para o que os outros pensavam. Quando eu vestia uma camisa ou calças largas, eu não me sentia poderosa para enfrentar o mundo. Mas, se você me desse uma calça de couro e um top, a história era outra (tudo que eu queria era ter um pouco de bunda... Eu não ia me importar nem um pouco de exibi-la por aí). Eu não tinha nascido com o corpo que eu queria, mas com o tempo aprendi a amá-lo e já era hora de libertá-lo, assim como fez Britney Spears, depois que ganhou a longa batalha judicial contra seus tutores e tirou todas aquelas fotos sensuais.

Avançando rapidamente a narrativa até um ano depois, quando eu já estava em Nova York com meu *sugar daddy* (sim, eu disse *sugar daddy*. Vamos dar nome aos bois e não ter tanta vergonha desse termo!). Estávamos andando na rua quando uma menina de 4 anos de idade se aproximou de mim e disse:

– Mamãe! Mamãe! É a Barbie!

A mulher fez uma cara de quem estava achando graça, mas eu disse a ela:

– Sinceramente, esse é o melhor elogio que alguém poderia me fazer.

Eu acreditei naquela garotinha, acreditei que eu me parecia mesmo com a Barbie, afinal, o entusiasmo e a admiração dela eram tão verdadeiros! E eu adorei. E foi então que eu soube: a partir daquele dia, a Barbie seria a santa protetora do meu estilo.

Mas a minha evolução ainda não tinha acabado. Depois de viver um pouco como na música, uma *"Barbie girl in a Barbie world"*, eu queria avançar um pouco mais. Afinal, a vida não consistia apenas em brincar de ser uma boneca. Eu via o poder que meu novo estilo tinha na minha vida. Ele me deu confiança para largar o meu emprego de bartender e ir atrás do meu sonho de ser atriz (um grande salto para uma garota que se sentia invisível ou não se achava boa o suficiente para ir tão longe na vida). Aquelas roupas me ajudaram a assumir o que eu acreditava ser a minha melhor versão e, com ela, uma vida muito melhor. Comecei a pensar nas conotações da Barbie, no fato de algumas pessoas presumirem que ela é apenas outra loira burra. Eu sentia isso na pele. Com meu corpo naturalmente magro, pernas longas e peitos grandes, ser uma loira burra é praticamente o que todo mundo esperava de mim. Mas eu tinha uma vantagem, uma "pimenta", um *je ne sais quoi*. Eu sou muito mais profunda do que as pessoas esperam que eu seja, então queria tirar vantagem disso. Pensei nas mulheres dominadoras e no quanto são sexies e poderosas. Elas estão no controle, sabem o que querem e não têm medo de dominar seus submissos para conseguir isso. Desde que era adolescente, eu adorava usar peças justas, botas até as coxas e roupas pretas. Toda vez que eu vestia preto ou vermelho, eu me sentia sexy. Essas são cores poderosas para mim. Eu até vi minha irmã se casar com um vestido de noiva preto, que também foi muito inspirador. (O que eu posso fazer? O bom gosto está no sangue da família.) Pode parecer simples demais, mas apenas incorporando essas cores ao meu guarda-roupa e acessórios inspirados em mulheres dominadoras (além dos meus fofos e deslumbrantes grampos de plumas cor-de-rosa), eu já comecei a me sentir diferente, e as pessoas passaram a me tratar de forma diferente. Não que elas estivessem reagindo necessariamente às roupas; elas estavam reagindo a mim vestindo aquelas roupas. Por fim, percebi que essa era uma expressão de mim mesma que sempre estivera presente. Não era que eu queria me destacar e ser diferente, era porque eu sou diferente. Caramba, me mostre outra garota que pode usar um vestido de noiva preto! As roupas são apenas uma forma de deixar as pessoas saberem mais sobre o meu eu verdadeiro e a história que eu quero compartilhar sobre mim.

CONSTRUA SEU ESTILO

Quando você começar a pensar em como será o seu estilo único, lembre-se de que a regra nº 1 é que ele seja verdadeiro. Claro, o que vestimos e como combinamos as roupas pode ser uma construção ou algo que inventamos. Quer dizer, eu adoro experimentar personalidades diferentes a cada par de sapatos que calço. (Svetlana, meu alter ego Princesa do Gelo do *Sunset* adora seus sapatos com salto-agulha verde-limão e rosa-choque.) Mas isso não significa que essa seja uma licença para criar um novo eu novinho em folha. Não, seu estilo é você, só que embalado para presente. Ou não, se essa não é sua praia.

Seu estilo é uma maneira de infundir sua própria frequência e sua própria energia no que as outras pessoas veem (misturado com um pouco de magia).

Eu realmente acredito que todos podemos encontrar nosso lugar quando se trata de estilo, e digo isso principalmente porque não se trata apenas das roupas que você usa. É um equívoco pensar que, para ser elegante, você tem que contratar uma equipe de estilistas. Estilo é muito mais do que isso. Estilo é expressão. É um sentimento. É a sua reputação. É a sua confiança. É a soma total da maneira como você se veste, fala, move seu corpo ou faz qualquer outra coisa. É por isso que eu acho que o melhor lugar para começar a definir seu estilo não é o seu armário, mas o espelho.

Pense nas pessoas que você conhece que têm qualidades que as definem, além do modo como se vestem. Talvez seja aquela amiga que tem peitos incríveis ou sua colega de trabalho que tem cílios tão longos que parece uma propaganda de rímel ambulante. Ou a garota na academia com o cabelo tão lindo, grosso e ondulado, que a própria Rapunzel invejaria. Todos esses atributos (sejam concedidos pelo DNA ou pelo cirurgião plástico) podem ser classificados como estilo, especialmente se você souber tirar vantagem deles. É por isso que eu gosto de dizer que o estilo começa com o que há de mais marcante em nós.

Para mim, é meu cabelo de Barbie Malibu, loiro platinado, que bate na altura do bumbum. E eu sei disso porque recentemente meu marido e eu estávamos fugindo da polícia alemã (uma longa história) no aeroporto de Frankfurt, tentando escapar para a França, e Christian me disse para prender o cabelo, caso contrário seria fácil nos detectar. Estamos falando de uma cena tipo James Bond aqui. Por mais intensas que as coisas estivessem na época, eu tomei isso como um elogio, porque eu realmente fazia questão de destacar essa minha característica para definir meu estilo pessoal e me tornar memorável.

Agora vamos fazer a mesma coisa com você. O que é memorável na sua aparência? Eis aqui um pequeno exercício que pode ajudar: imagine que você esteja roubando uma casa. Na verdade, não roube uma casa, por favor (ou, se fizer isso, não diga que fui eu que mandei!). Se uma vizinha intrometida estivesse espiando pela janela e a visse, como ela descreveria você para a polícia? Se a polícia pedisse para que ela a identificasse, que qualidades ela se lembraria em você? Se fosse eu, ela provavelmente diria algo como "É aquela garota alta, com o cabelo loiro e comprido, pernas de um anjo da Victoria's Secret e unhas fabulosas" (ou pelo menos é o que eu gostaria de pensar que ela diria). O que ela diria sobre você? Quaisquer características que viessem imediatamente à mente dela seriam as primeiras dicas que você deveria considerar ao determinar o seu estilo. Se ela não dissesse coisa alguma, então temos um belo trabalho pela frente.

MÃOS NA MASSA, *BITCH*!

Eu adoro este capítulo porque ele leva você a pensar mais uma vez no tipo de Boss Bitch com que mais se identifica. Quanto mais clareza você tiver dos valores básicos que acendem seu fogo interior, mais noção terá sobre quem você é. E você lembra o que isso significa? Que você será uma Boss Bitch. Pura e simplesmente. Portanto, embora possa parecer que você está em busca de uma aparência exterior perfeita, saiba que você não pode aperfeiçoar sua aparência exterior enquanto não estiver muito bem com quem você é por dentro. Se você tem um longo caminho a percorrer para começar a amar a si mesma, então o desafio de construir seu estilo começará por aí. Ou, se você já está convencida de que é a tal (e esse é o objetivo), então use estas lições para subir mais um nível.

Para começar, quero que você identifique o que mais gosta em si mesma. Tem de ser algo que você adora e que sempre terá. Sardas no nariz? Lábios cheios? Uma risada contagiante? Um senso de humor matador? O jeito como seu cabelo fica ondulado quando você o deixa secar naturalmente? Se você precisar de uma dica, pode perguntar a amigos mais próximos qual é a sua melhor qualidade, física ou não, aos olhos deles. Ou, se não existe nada que você realmente goste em si mesma, então, *bitch*, é hora de você dar uma boa olhada no espelho, porque sei que você deve ter algo de incrível. Como eu já disse, essa qualidade pode não ter nada a ver com a sua aparência, mas precisa ser algo que só você tenha e que a torne uma pessoa única. Depois que você encontrar sua característica especial, anote essa qualidade ou qualidades de que gosta mais em si mesma. Em seguida, coloque essa anotação em algum lugar em que possa vê-la várias vezes ao dia, de preferência no espelho do banheiro ou na porta do guarda-roupa, para que você possa topar com ela quando estiver se arrumando para começar o dia. Leia o que escreveu para se lembrar de destacar essa qualidade, e seu estilo pessoal começará a brilhar.

Outra maneira de usar essa estratégia é pensar no que compõe o estilo que você já tem. Um detalhe sobre mim é que eu sempre uso muitas pulseiras no braço direito (já que sou canhota). Um dia notei essa minha mania numa foto e pensei, "Eu devo realmente gostar muito de pulseiras". Nunca tinha pensado nisso antes, mas agora percebo que nunca saio sem elas. Desde então, elas fazem parte do meu estilo pessoal. Antes de subestimar essa descoberta, considerando-a algo muito superficial, pense no que essas pulseiras representam: são algo de que eu gosto em mim e que faz com que eu me sinta bem. Isso aí é puro combustível para construir o meu senso de identidade, nutrir a minha alma e aumentar a minha autoaceitação, e dou muito valor a isso.

AGORA É A SUA VEZ

Eu acredito que sou uma pessoa muito bem-qualificada para dar esse tipo de conselho, porque moro em Los Angeles, a terra das pessoas bonitas. Não estou exagerando quando digo que, em todos os lugares aonde vá, você vai encontrar uma mulher mais alta do que você, ou com um corpo mais em forma do que o seu, ou com traços mais bem-feitos, ou com um cabelo mais bonito, ou qualquer outra coisa que você possa imaginar (bunda, peitos, lábios, clavículas, seja o que for). Então, como alguém que mora num lugar como "La la Land" pode parece uma bela e empoderadíssima Boss Bitch?

Meu marido, Christian, me deu uma explicação perfeita. Quando estávamos namorando, ele me disse: "Todo mundo aqui em Los Angeles parece igual. Todo mundo é bonito, todo mundo é isso, todo mundo é aquilo. Mas você é muito mais do que tudo isso". Ele me disse que se apaixonou por mim por causa do meu senso de humor, da minha energia para fazer as coisas e de tudo o que estava abaixo da superfície.

Muito meigo, não acha? Mas, também, muito verdadeiro. Estou constantemente cercada de mulheres bonitas e não vou vencer todas na categoria beleza. Mas sei que posso manter uma boa conversa. Sei como iniciar uma conversa e sou hilária! Quer saber se eu já vi essas mulheres lindas e me senti mal comigo mesma? Eu seria muito narcisista se dissesse que não. Eu com certeza me sinto assim às vezes. Mas então me lembro de tudo o que me faz me sentir confiante, como a maneira como me comporto na vida e as qualidades únicas que tenho e que nunca poderiam ser replicadas por outra pessoa.

Eu sei que você pode estar revirando os olhos para mim agora, quando digo que a aparência não é tudo. Mas é 100 por cento verdade. Quando eu estava tentando me dar bem como atriz, havia uma mulher com quem eu era constantemente comparada quando fazia audições. Eu tive muito ciúme dela por bastante tempo. Eu a via na internet, em todas as redes sociais e a colocava num pedestal. E vivia dizendo a mim mesma, "Ela é muito mais bonita do que eu". Ou seja, "Ela é melhor do que eu".

Só que um dia eu a conheci pessoalmente.

Foi como se uma chave tivesse virado dentro do meu cérebro. Eu deixei de pensar, "Ela é muito mais bonita do que eu", e passei a refletir, "Sim, ela é bonita, assim como milhares de outras garotas são, mas ela não sou eu". Ela não tinha o meu brilho, o meu "quê" a mais, o meu charme. Se eu não morasse em Los Angeles e não encontrasse essas pessoas com tanta frequência, acho que ficaria desanimada e com inveja de todo mundo que tivesse uma aparência melhor do que a minha. Comparação É UMA BOSTA, fim de história. Não é um jogo que alguém possa ganhar. Se o seu objetivo é ser a pessoa mais bonita, você sempre vai perder. Lamento, *bitch*, mas essa é a verdade nua e crua. Não importa onde você more ou qual a aparência das pessoas ao seu redor, sempre haverá alguém mais bonito, ou mais jovem, ou com mais dinheiro para comprar roupas e acessórios de grife. Mas ninguém pode ser você. Ninguém pode ter o seu brilho ou o seu estilo. É por isso que ter estilo é importante e vale a pena aprimorar o seu. Além disso, sabemos que você tem muito bom gosto, já que está lendo o meu livro. Portanto, agora vamos fazer você se destacar em meio à multidão!

MÃOS NA MASSA, *BITCH*!

Depois de identificar como você gosta de se expressar e as características que a diferenciam, avance um pouco mais e dê ao seu estilo um nome. Como você sabe, eu chamo meu estilo pessoal de "Barbie Dominatrix". Esse foi o resultado da fusão de qualidades que fazem eu me sentir de uma certa maneira (superglamour, cor-de-rosa, pernas, peitos, estilo dominadora, preto, vermelho. Reserve algum tempo para identificar os parâmetros que fazem a mesma coisa por você. Quais são as cores que fazem você se sentir poderosa ou completamente em paz? Que peças de roupa você costuma preferir? Nunca ninguém veria você vestindo uma saia abaixo do joelho? Ou você é conhecida por ser a garota do terninho? Quem são os ícones do estilo com os quais você se identifica? Você é mais Billie Holiday ou mais Billie Eilish? Se você é uma pessoa visual como eu, comece a colecionar imagens que encontrar na internet ou em revistas. Vá a uma loja de tecidos e veja quais cores e materiais lhe agradam mais. Vá a uma butique de luxo onde nunca sonhou pôr os pés e tire fotos das peças que a deixarem mais encantada. Então peneire tudo que encontrou e crie um nome para o seu próprio estilo icônico, que se tornará parte da sua marca pessoal. Seja ele Mãe Esportista ou a Gata do Instagram, desde que traduza realmente o que você é, não existe uma resposta certa.

GOSTO DE CHAMPANHE COM PREÇO DE CERVEJA

Acho que o maior equívoco que as pessoas cometem é pensar que " ter estilo" é algo para poucos. Depois de quinze segundos vendo os stories do Instagram, de modo subconsciente, nós treinamos nosso cérebro para acreditar que, para termos um estilo parecido com o das Kardashians, precisamos ter acesso a um cartão Amex Black sem limites ou ser uma estrela de cinema com um séquito de profissionais de beleza ao nosso dispor. Num certo sentido, você tem razão. De fato, equipes de estilistas vivem atravessando os corredores das mansões de Calabasas, na Califórnia, empurrando araras cheias de roupas com cores coordenadas. Mas eu preciso que você acredite em mim quando digo: não é só quem tem dinheiro que pode ter estilo. E é melhor você também acreditar que dinheiro não é sinônimo de estilo. Embora meu armário tenha roupas de marca suficientes para deixar qualquer um com inveja, eu realmente não acredito que seja por causa disso que eu tenho um estilo.

Para mim, a moda vem de um lugar de falta. Na minha infância, a minha família era mais pobre do que uma família de classe média. O que para nós significava que a minha mãe era quem fazia nossas roupas. Ela sabia costurar, por isso podia fazer o que precisávamos sem gastar muito, especialmente roupas combinando (como roupas iguais para mamãe e filha!). Eu nunca ganhava roupas novas quando era criança, e isso me incomodava, a ponto de acabar se tornando uma obsessão. Eu também tinha uma tia fabulosa, Mary, que era o completo oposto da minha mãe. Mary era vendedora de produtos farmacêuticos e sempre estava namorando homens muito ricos. Ela tinha um quarto inteiro em sua casa que era seu closet e me lembro de pensar, "Minha vida vai ser assim também". Eu pensava em como seria incrível ganhar tantas roupas e bolsas dos homens, mas principalmente eu sabia que, um dia, teria um closet cheio das roupas dos meus sonhos, compradas com o meu próprio dinheiro.

Mas eu não tinha um *sugar daddy* (pelo menos não na época) e certamente não estava ganhando rios de dinheiro como garçonete no Taco Bell e no Sonic, então tinha que ser criativa. Comecei a roubar roupas da minha irmã Alicia, que é cinco anos mais velha do que eu e andava com uma turma muito diferente. Suas amigas descoladas da equipe de líderes de torcida eram todas ricaças e estavam sempre lhe emprestando roupas, que eu surrupiava e depois customizava na máquina de costura Singer da minha mãe. Eu também aprendi bem rápido que eu poderia comprar roupas em lojas baratas e depois fazer minha mágica de alfaiataria para torná-las mais sexies, curtas e descoladas, estilizando-as e misturando e combinando as peças para imitar as tendências que eu via nas revistas das lojas de conveniência. E eu aprendi que não dava para perceber muito bem a diferença entre um vestido de cinco dólares e um vestido de quinhentos dólares, o que me dava confiança de que, se eu fosse esperta, ninguém perceberia que eu mal tinha dinheiro para comprar roupas.

Eu ainda faço a mesma coisa quando monto meus looks hoje em dia. Na verdade, tenho até orgulho disso. Sou muito engenhosa! Digamos apenas que a loja Nordstrom tem uma política de devolução sem igual e eu a aproveitei ao máximo ao filmar a primeira temporada de *Sunset*, comprando e devolvendo vestidos depois das filmagens, visto que eu não tinha quantias infinitas de dinheiro. Ou então eu usava um vestido de vinte dólares e o turbinava com um Rolex, misturando peças de preços e qualidades diferentes. Ou, quer saber? Dane-se o Rolex. Porque o acessório que realmente faz você parecer rica é a sua atitude. Se você vestir uma roupa e exalar autoconfiança, ninguém vai se meter com você.

SEJA O SEU PRÓPRIO ÍCONE

Você se lembra de Christina Aguilera usando calças de couro em estilo country com top de renda e maquiagem escorrida? Saída do *Clube do Mickey*, batidíssimo programa de TV, ela estava cercada por robôs da cultura pop como Jessica Simpson, Mandy Moore, Justin Timberlake e Willa Ford. Esses artistas não corriam riscos e procuravam agradar aos grandes executivos da indústria da música (assim como buscavam a aprovação das mães dos seus fãs), ao contrário de Christina Aguilera. Enquanto as pessoas aplaudiam os votos de virgindade de Britney Spears, Christina nunca se preocupou em negar sua vida sexual, nem defender o que realmente se passava nos bastidores do *Clube do Mickey*. Com boatos de que rolavam sexo e álcool por trás das cenas, Christina nunca foi de amenizar as coisas. Ela era alguém à frente do seu tempo no movimento feminista do século XXI, por isso as pessoas definitivamente não estavam preparadas quando ela lançou o clipe da música "Dirrty", que destilava sexo e ousadia. Todo mundo enlouqueceu, mas Christina estava, tipo, "Eu não estou nem aí! Sou confiante o suficiente para amar e abraçar a minha sexualidade. Então é pegar ou largar". (Nós pegamos, Xtina!) Ela sempre foi autêntica com relação a quem era e eu respeito isso. Quando lhe perguntaram sobre o momento cultural icônico que foi o seu clipe (que foi como sua "festa de debutante"), ela disse que não queria aderir ao joguinho de se fingir inocente. Queria ser sincera e verdadeira. Ela chamou "Dirrty" de seu momento "foda-se". Essa foi a hora em que ela não se intimidou, tomou posse do seu poder pessoal e se assumiu de muitas formas. Ela é uma Boss Bitch ou o quê?!

As Kardashians também me vêm à mente quando penso em pessoas com estilo e que não pedem desculpas pelo que são. Desde o primeiro dia do reality show *Keeping Up with the Kardashians*, me senti atraída por Khloé, principalmente. Para mim, ela sempre foi a mais "diferente" e, como você agora sabe, eu me identifico totalmente com esse sentimento. Mais do que isso, ela dizia exatamente o que pensava, fosse agradar ou não, mesmo sabendo que as pessoas poderiam discordar. Ela continuou a se destacar com seu estilo (quero dizer, brincos de argola e aquelas botas acima do joelho, que as drag queens praticamente inventaram). E ela continuou se saindo muito bem, mantendo-se fiel a si mesma e ao seu estilo pessoal.

Depois que você realmente souber quem você é, não tenha medo de se expressar por meio das suas roupas. Este livro é sua autorização oficial (como se você precisasse) para abrir as asas e voar, mesmo que isso signifique calças de couro (é isso aí!) ou algo mais discreto. Quando se trata de estilo, assim como em todas as outras áreas da vida, você vai precisar fazer por si. (Percebeu um tema aí, *bitch*?)

~~~

Enquanto escrevia este livro, eu compartilhei o seguinte texto no Instagram: "O dia em que mudei foi o dia em que parei de tentar me ajustar a um mundo onde nunca me encaixei muito bem". Postei esse texto com fotos minhas, tiradas enquanto estava filmando *Sunset*. Eu estava usando um minivestido rosa-choque, com uma estampa *pied de poule*, uma presilha Gucci brilhante e sapatos Mary Jane pretos, de plataforma altíssima. Isso é na verdade algo digno de nota, porque nem sempre tenho confiança para me vestir do jeito que eu me visto no trabalho.

Quando comecei no mercado imobiliário, não tinha ideia do que estava fazendo. Vou ser a primeira a confessar e assumir que eu não tinha noção de onde estava me metendo, e não estou me referindo ao meu terninho xadrez muito fofo e à saia na altura das coxas. Uma vez que eu estava pensando em trabalhar como atriz, encarava o reality como uma oportunidade de representar um papel. Tipo, "o papel da corretora de imóveis de sucesso será interpretado por Christine Quinn". Eu só precisaria de um figurino. Bem, você já viu aqueles folhetos de anúncio de imóveis, mostrando uma mulher de braços cruzados, vestindo um sóbrio blazer azul-marinho ou preto? Era isso que eu achava que tinha que vestir se quisesse ser uma corretora de sucesso.

Fui fazer compras na Bebe e encontrei uma arara de terninhos e camisas de seda para combinar. Gastei todo o meu dinheiro para ficar com uma aparência que eu achei que seria a mais correta e até posei para uma foto em grupo para o site da Oppenheim com os braços cruzados sobre o meu próprio blazer preto. Era apenas uma questão de tempo até eu ter o meu próprio anúncio. Mas aqui é que está: não importava quanto eu me esforçasse para tentar me convencer de que aquela era a coisa certa a fazer, nada daquilo parecia fazer sentido. Aquela mulher de terninho não era eu. E andar por aí com roupas que faziam eu me sentir desconfortável e desajeitada não ajudava a me sentir mais confiante.

Na verdade, eu tinha andado para trás ao me tornar uma cópia carbono, uma corretora comum, com nada de especial ou único a oferecer.

Então, uma mudança interessante aconteceu. Na época, eu era solteira e, pela primeira vez na vida, estava frequentando bares e restaurantes para conhecer gente nova. Quando começou a vir à tona nas conversas que eu era corretora de imóveis, consegui clientes. Mas eu não estava vestindo meu blazer padrão de corretora de móveis quando isso aconteceu. Não, eu estava vestida como o meu verdadeiro eu: peitos empinados, estilo Mattel. "Espere aí", eu me lembro de ter pensado. "Estou vestida como uma piranha neste bar e você está me dizendo que vai confiar a mim o seu imóvel?!" E assim ficou claro para mim: eu poderia ser eu mesma e vestir o que eu quisesse e ainda assim ter sucesso na minha profissão. Na verdade, eu estava conseguindo clientes porque estava sendo muito mais autêntica, o que se traduzia em mais confiança e, bem, mais de mim mesma. Nos looks que eu usava nos folhetos imobiliários, eu não estava dizendo a verdade sobre quem eu era. É por isso que eu adoro quando as pessoas vêm até mim e dizem que eu sou falsa. NÃO distorça o que estou dizendo; eu sou mais real e mais autêntica do que jamais fui. A brincadeira de me vestir como outra pessoa, por outro lado, foi o que fez eu me pegar na mentira.

Eu adoraria dizer a você que doei no mesmo instante todos os meus terninhos para a caridade e comecei a aparecer no trabalho com meus vestidos Hervé Léger. Não, essa mudança foi mais gradual. No começo, deslizei os blazers da Bebe para o mesmo lado do cabideiro do meu armário. Depois comecei a experimentar roupas com as quais me sentia bem no trabalho. Dia após dia, eu tinha a confirmação de que estava avançando na direção correta. Ninguém me respeitava menos por eu ser eu mesma. Na verdade, as pessoas me respeitavam mais. E meu desempenho no trabalho, que depende tanto de se fazer conexões genuínas com as pessoas e cativar a confiança delas, nunca foi tão bom.

Depois de basear o seu estilo pessoal em quem você é e no que você acredita, suas capacidades se tornam infinitas. Quando você faz essa ligação entre o que você é por dentro e o que você mostra por fora, essa é uma mudança realmente poderosa. Mas o que você precisa entender é que as roupas não vão mudar o que as pessoas pensam de você. O que vai produzir essa mudança é confiança que você demonstra quando usa essas roupas.

Depois que isso estiver claro, você já tiver um estilo mais bem definido e estiver se sentindo mais poderosa do que a própria Xtina, as pessoas vão começar a procurá-la. Porque isso sempre acontece. O que nos leva à nossa próxima lição...

DANE-SE OS *HATERS*

Depois que *Sunset* foi ao ar, ouvi comentários do tipo, "Você está parecendo uma stripper!". E as pessoas não disseram isso com a intenção de me elogiar, embora eu tenha recebido dessa forma. (Uma salva de palmas para todas as minhas *bitches* que trabalham na indústria do sexo e arrasam!) E agora que eu tive um bebê, recebo ainda mais comentários e mensagens de ódio sobre a maneira como eu escolho expressar meu estilo. Perdi a conta do número de vezes que ouvi, "Você é mãe! Por que se veste assim?". Por quê? Agora que dei à luz é ilegal eu usar um minivestido? Tenho que andar por aí toda cabisbaixa, usando um moletom? (Embora, só para deixar registrado, eu possa arrasar usando um moletom (e você também pode, se esse for o seu estilo). A questão é que eu me recuso a mudar meu estilo apenas porque agora sou mãe e me recuso a permitir que as pessoas me recriminem pela maneira como me visto.

Não importa como as pessoas se dirigem a mim ou o jeito como optei por me expressar, a minha resposta é sempre a mesma: Obrigada! Isso mesmo, eu agradeço a elas. Quando entrei no escritório do Oppenheim Group na minha fabulosa roupa verde-neon e Heather disse que eu parecia o Coringa, concordei com ela.

– Obrigada! – eu disse. – Estou a fim de parecer o Coringa! – Eu não me importo com o que as pessoas tenham a dizer sobre o que estou vestindo. O fato de elas estarem falando a respeito disso significa que estou no caminho certo. Não espero que todos tenham bom gosto ou que me entendam, então realmente não me importo com o que pensam. E você não deve se importar também. Diga "Obrigada!" e siga em frente com a sua vida (que é muito mais fabulosa que a delas).

Uma amiga minha que trabalhava numa revista de fofocas sobre celebridades tinha um estilo muito minimalista. Ela usava muito preto (camadas de regatas pretas sob um cardigã ou uma jaqueta era um de seus melhores looks) e ela sempre dava um toque especial às suas roupas com joias delicadas. A chefe dela, diretora de moda da revista, certa vez resolveu dar alguns acessórios de presente para a equipe e escolheu uma das peças mais simples para dar à minha amiga.

– Este é para você, porque você é tão simples e discreta... Como Jennifer Aniston, com suas regatas basiquinhas.

Não ficou claro se ela disse isso com uma ponta de sarcasmo ou não (provavelmente sim), mas você sabe o que a minha amiga respondeu?

– Obrigada!

Se alguém faz um comentário sobre o seu estilo, é porque reparou nele. E isso, simplesmente, significa que você está no lucro.

MÃOS NA MASSA, *BITCH*!

O mundo está cheio de *haters*, nós sabemos disso. E sim, poderíamos discutir sobre como nos defender contra as trolagens mais desagradáveis da internet. Mas prefiro, em vez disso, ir além das trolagens e seguir para o próximo nível de como viver e existir. E nesse nível, a vida brilha com o poder da positividade. Eu não vou começar com papo de Nova Era com você, eu juro. A positividade, sobretudo quando você a busca de maneira intencional, é algo suuuper poderoso, especialmente quando você começa a se sentir mais confortável em sua própria pele. Expressar uma versão maior, melhor e mais forte de você é algo que pode assustar um pouco no começo (mesmo quando você domina a matéria, assim como eu!) O que é preciso saber é que existem pessoas que estão prontas a defender e apoiar você. E a melhor maneira de criar mais positividade na sua vida é você mesma espalhar energia positiva por aí e depois se cercar de pessoas que fazem o mesmo.

Eu tenho um grupo bem grande de mulheres confiantes que são minhas amigas, incluindo estrelas que admiro, como Khloé Kardashian, Mindy Kaling, Lisa Rinna e Lilly Ghalichi. Apoiamos umas às outras, tanto na vida real quanto na internet, escrevendo comentários positivos nas fotos umas das outras. Você ficaria surpresa se soubesse como um simples comentário do tipo "Você está incrível!" pode operar maravilhas. Numa época em que é muito mais fácil insultar as pessoas, as celebridades costumam ser alvos fáceis. O mundo precisa de mais Khloés e Mindys e da energia positiva que elas trazem. É uma verdadeira raridade encontrar uma mulher nesta cultura que se sinta confiante sendo ela mesma e perceba que não está competindo com ninguém. Deixe-me dizer isso de novo para você, *bitch*: ninguém está competindo com você. Todas nós temos o mesmo objetivo: todas nós só queremos ficar um pouco mais orgulhosas de nós mesmas, ser um pouco mais confiantes e nos sentir em casa em nossa própria pele. Então precisamos nos apoiar, em vez de nos diminuirmos. Eu quero que você pratique isso em sua própria vida.

Todos os dias da próxima semana, quero que você escolha uma mulher, na internet ou na vida real, e lhe faça um elogio verdadeiro. Pode ser que ela tenha um sorriso bonito ou sapatos fabulosos ou óculos de sol muito elegantes. Diga a essa mulher tudo o que você gosta no estilo dela. Repita isso com uma mulher diferente a cada dia. Imagine se todo mundo que estiver lendo este livro reservar um tempo para fazer isso e as pessoas que receberem os elogios passarem adiante essa mesma gentileza. Vamos lá, *bitches*, vamos nessa!

Capítulo 4

Arregace as Mangas, *Bitch*!

Este capítulo é inteiro sobre trabalho. Porque, se existe um lugar onde toda garota que eu conheço poderia usar uma boa dose de energia Boss Bitch, esse lugar é o ambiente de trabalho. E não importa se você é cabeleireira, professora, médica de pronto-socorro ou parceira deste ou daquele sujeito. Não importa nem mesmo se você é mãe e dona de casa ou alguém que ainda está procurando o emprego dos seus sonhos. Se você tem uma ocupação de qualquer tipo, então precisa tratá-la com a mesma autenticidade e propriedade que demonstra em todas as coisas da sua vida. Porque assumir esse poder é o segredo para ter sucesso e, por fim, amar a vida que você tem.

Eu sei que isso pode ser uma surpresa vindo de uma garota sem diploma universitário, que foi demitida de praticamente todos os trabalhos que já teve desde que era adolescente (eu prefiro pensar nisso como uma "separação mútua de caminhos"), mas sei uma coisa ou outra sobre como fazer isso funcionar. As lições que aprendi não estavam no currículo de nenhuma escola de negócios famosa e, sinceramente, vir de baixo e ter que lutar para vencer me ensinou mais sobre como me safar de qualquer situação no escritório do que qualquer garota da Wharton.[1] Cara, eles deveriam me pagar para dar um curso lá... já pensou?! (Sério, podem me ligar.) Minha abordagem é uma fórmula infalível de como assumir seu poder, mesclado com bom senso e uma dose saudável da atitude de ligar o foda-se (com discernimento, é claro; ainda somos todas profissionais). Mas parte disso é saber quando desistir se algo não estiver mais funcionando para você. E a chave para desenvolver essa habilidade é, isso mesmo, canalizar sua Boss Bitch interior.

BITCH, PARE DE PEDIR DESCULPAS!

Há um filme incrível chamado *Um Pequeno Favor* (filme muito bom, sério!), estrelado por Blake Lively e Anna Kendrick. Blake interpreta uma *bitch* fodona, que também é uma sociopata total. Ela conhece a personagem de Anna na escola de seus filhos, e Anna é uma garota destrambelhada, que mora na casa ao lado e está sempre tropeçando e se atrapalhando e pedindo desculpas. Por fim, Blake diz: "Nunca peça desculpas. É um péssimo hábito feminino". Ela está absolutamente certa!

---

[1] Escola de negócios da Pensilvânia (EUA). (N. da T.)

Por que nós mulheres sempre pedimos desculpas, especialmente no trabalho? Se você prestar atenção, notará que quase todas as mulheres ao seu redor têm o hábito de se desculpar. Muito. Usam essa palavra quase como uma vírgula ou uma palavra vazia, que é usada na conversa só para enfeitar.

"Desculpe, mas discordo."

"Oh, desculpe, eu só gostaria de acrescentar uma coisinha."

"Desculpe não ter respondido antes."

"Desculpe o e-mail um pouco longo."

Mas pedir desculpas o tempo todo não é ser educado ou gentil de uma forma que faz com que as pessoas tenham uma opinião melhor sobre você. É exatamente o contrário: isso diminui você. Faz você parecer menos do que é, como se não valorizasse a maneira como pensa ou age com as pessoas ao seu redor. Como se você retirasse instantaneamente qualquer coisa que estivesse dizendo depois do "desculpe", porque na verdade não queria dizer aquilo. Há alguma verdade nisso? Se há, pare de agir assim! E, se não há, bem, então é crucial que você continue lendo este livro e comece a ser sua melhor defensora. Porque eu vejo você, e sei que você é muito mais incrível do que esse tipo básico que encarnou. Pedir desculpas é um exemplo desse padrão de querer agradar todo mundo, que somos treinadas a seguir desde pequenas. Subconscientemente, achamos que acrescentar um "desculpe" sempre que dizemos alguma coisa vai salvar a nossa pele no caso de alguém discordar de nós. E sim, o hábito de nos vestir da maneira que achamos que devemos nos vestir e agir da maneira como achamos que devemos agir (sem graça, submissas) é uma forma de pedir desculpas. E, acredite, eu também já fiz isso.

Antes de começar a trabalhar com o Oppenheim Group, eu estava interessada no mercado de imóveis comerciais. Durante uma entrevista, senti que meu empregador em potencial não ficou apenas surpreso, mas também intimidado com a maneira como eu me expressava. Era quase incompreensível para esse executivo egoísta, excessivamente bronzeado e mais parecido com uma uva-passa, que uma mulher de vinte e poucos anos estivesse fazendo e respondendo a todas as perguntas certas. E fazendo isso no mesmo nível que seus parceiros de golfe discutiam negócios no clube de campo local. Afinal, as mulheres da minha idade geralmente só entravam no campo de golfe para servir drinques a esses homens ou como suas acompanhantes, rebolando em suas saias brancas de uniforme de golfe (que, aliás, não é um look que me desagrade, mas não vamos nos desviar do assunto). Eu podia ver que ele se sentia intimidado por mim. Ele não sabia como alguém com metade da idade dele, ainda mais uma mulher, podia falar com ele de igual para igual, no mesmo nível intelectual e profissional. Eu acabei me desculpando à minha maneira, recuando e me esforçando para parecer menos inteligente do que era. Depois, mesmo sabendo que eu nunca trabalharia para ele e que eu era a Elle Woods de seu Warner Huntington III, fiquei desapontada comigo mesma por me mostrar menor do que eu era diante de outra pessoa. Por sorte, percebi rapidamente que, se eu quisesse ter sucesso, precisaria trabalhar com homens que não se sentiam ameaçados pelo meu verdadeiro eu.

E, enquanto estamos falando desse assunto, não vamos esquecer as desculpas que damos pelo nosso sucesso e poder, também. Os homens são incentivados a tomar posse do seu poder pessoal. Até mesmo esperam isso deles. Que se apropriem desse poder, entrem numa sala e assumam o comando, sabendo do seu valor, se gabando de suas realizações e alardeando suas conquistas. Isso é o que vem sendo chamado de "Big Dick Energy" ou "Energia do Pau Grande".[2] As mulheres, por outro lado, não foram criadas para fazer o mesmo. Então, precisamos recuperar o atraso numa curva de aprendizado íngreme. Podem ter nos ensinado que os meninos não gostam de garotas assim, mas você realmente quer pegar um homem que não sabe lidar com uma pequena dose do Poder da Vagina? (Eu disse, e vou repetir, ao longo de todo o Capítulo 5.) Pode haver muitas coisas que você tem de fazer no trabalho porque faz parte da sua função, mas deixar outras pessoas mais confortáveis não é uma delas.

Agora, obviamente, haverá momentos em que você estará realmente arrependida por algo que fez e precisa pedir desculpa. Nesses casos, sim, assumir o seu erro e se desculpar

---

[2] "*Big Dick Energy*" é uma gíria relativamente nova da internet, que não está necessariamente ligada ao tamanho do pênis, mas a uma atitude. Segundo o jornal britânico *The Independent*, é confiança sem arrogância. Nunca se perder nem ser simulado. É o equivalente a passar um cheque de 10 mil euros e saber que tem essa quantia na conta. Por isso tanto homens quanto mulheres podem ter essa energia. (N. da T.)

de coração é a coisa elegante a fazer. Eis mais uma razão para você parar com todas aquelas outras desculpas esfarrapadas: as pessoas começam a levá-la mais a sério quando você se desculpa de verdade.

MÃOS NA MASSA, *BITCH*!

A decisão de abandonar o hábito de se desculpar começa quando você passa a ter consciência de quantas vezes faz isso ao longo do dia. Preste atenção na frequência com que você diz a palavra "desculpe". Anote essa informação numa folha de papel, num aplicativo de anotações no seu celular ou onde quer que você possa acompanhar o número de vezes em que repetiu essa palavra. Faça isso por pelo menos uma semana ou algumas semanas... o tempo que for necessário para você começar a ver esse padrão no seu dia a dia. Você consegue identificar em que situações ou ambientes tende a se desculpar desnecessariamente? Esse é o primeiro passo para abandonar esse hábito.

Talvez você use a palavra "desculpe" para introduzir a maioria dos seus e-mails e mensagens de texto, pois sente que vive resolvendo tudo com atraso. "Desculpe não ter respondido antes à sua mensagem" ou "Desculpe, acabei de ver a sua mensagem, blá, blá, blá". Essa é, na verdade, uma correção muito fácil: basta excluir a palavra introdutória ("desculpe") e ir direto ao assunto da mensagem. Ou inclua uma nota pessoal depois da mensagem, se a situação exigir, como "Foi ótimo vê-la na semana passada, lamento que não tenhamos conseguido almoçar juntas". Além disso, é provável que (1) ninguém teria reparado na falta daquela observação e (2) ninguém se importaria se você não a tivesse enviado. E ela definitivamente não precisava ser longa ou explanatória em vez de um simples pedido de desculpas. Vá direto ao ponto.

Para a maioria das mulheres, as reuniões com os colegas de trabalho são a ocasião em que elas mais usam desnecessariamente a palavra que começa com "d". Talvez seja apenas um tique nervoso que você pode abandonar, agora que tem consciência disso. Mas talvez seja algo mais profundo, como o resultado de um sentimento de inadequação no trabalho ou do receio de causar um mal-estar se você for muito assertiva ou defender seu modo de pensar. Procure analisar isso a fundo. Prestar atenção em como as outras pessoas do escritório se comunicam. Você vê os homens fazendo a mesma coisa nas reuniões? Ou seu chefe, seja ele homem ou mulher? Meu palpite é que não. Então faça um experimento: obrigue-se a falar sem pedir desculpas (seja com palavras ou com o tom de voz). Como suas ideias são recebidas? Como você se sentiu depois? (Meus ganhos vão muito bem, obrigada.)

Ou, se você estiver numa situação em que sente que precisa esconder quem você é ou mudar a maneira como fala para se adequar a outra pessoa, e que sendo autêntica você corre o risco de perder seu emprego, pense muito sobre o que isso significa para você. Pense em qual seria o pior cenário se você começasse a fazer pequenas mudanças em seu comportamento, sem tentar mais se adaptar a essa pessoa ou situação tóxica. Será que vai ser tão ruim assim, principalmente se isso significa que você não precisará mais se tolher tanto para agradar a outra pessoa? Conversaremos mais a respeito disso quando for a hora de se afastar de uma situação, por enquanto, medite sobre o assunto.

FINJA

Existem momentos na vida em que você vai ter que fazer uma escolha entre ser verdadeira e fingir. Relacionamentos? Seja verdadeira. Bagagem? Nunca minta. Dinheiro? Seja muito verdadeira. Rosto? Ao gosto do freguês. Mas no trabalho? É aí que você pode fazer o fingimento favorecê-la. Como mencionei antes, esse foi um dos melhores conselhos que já recebi do meu pai: "Finja até que seja verdade". Eu coloquei esse conselho à prova quando estava tentando pela primeira vez conseguir um emprego sem ter experiência. Fingi que tinha experiência como bartender (por quê, acha difícil?[3]) e posso ter contado algumas mentirinhas no meu currículo. (Quem estou querendo enganar? Foi a maior obra de ficção desde *Moby Dick*.) Eu me vali dessa lição muitas vezes quando ia para uma audição, esperando que minha confiança blasé pudesse convencer um diretor a dar uma chance a uma atriz inexperiente. E eu recorria a isso repetidas vezes ao longo de

---

[3] Aqui a autora usa uma frase icônica do filme *Legalmente Loira*, em que a protagonista dá essa resposta quando seu ex-namorado lhe pergunta, surpreso: "Você estudou Direito em Harvard?". (N. da T.)

minha vida profissional para chegar aonde eu queria, mesmo que não tivesse ideia do que estava fazendo.

Quando era uma corretora de imóveis iniciante, eu tinha muito a aprender. Mas eu não achava que agir como uma garotinha desamparada e confusa fosse um visual fofo, então usei uma lição que o meu pai costumava me dar. Fazia sentido para mim, porque eu sabia representar desde que era muito pequena, fazendo de conta e interpretando personagens. Eu adorava fazer filmes com minha câmera de vídeo, dirigir minhas bonecas, fazer sessões de fotos e ser criativa. Embora eu não soubesse na época o quanto tudo isso me seria útil, sabia que tinha talento para fazer as pessoas se sentirem de uma determinada maneira, e eu adorava isso. Desde então, sempre me diverti fingindo, e o que percebi é que, depois de um tempo, meu cérebro já não sabia distinguir a diferença. O resultado era uma encarnação genuína de qualquer personagem que eu estava fazendo, o que é uma habilidade decisiva se você está tentando ter sucesso como atriz (e, como descobri depois, também pode ser bem útil se você estiver tentando representar o papel de Boss Bitch).

No setor imobiliário, isso significava que primeiro eu precisava vestir o figurino (ou pelo menos o traje que eu achava que seria o correto na época) e depois interpretar o papel de corretora imobiliária matadora. No meu modo de ver, eu poderia deixar que todos soubessem o quanto eu era inexperiente ou simplesmente fazer o contrário. Não causaria nenhum mal se eu enfeitasse um pouco a verdade, e eu sempre conseguia as informações que as pessoas queriam, só que talvez de uma forma indireta. Se um cliente me fizesse uma pergunta e eu não soubesse a resposta, eu dizia com total autoridade: "É uma ótima pergunta. Vou descobrir e comunico você em seguida". Ou, se o imóvel estivesse em exposição e as pessoas me bombardeassem com todos os tipos de pergunta, eu sempre dava o meu melhor palpite e me corrigia mais tarde se tivesse passado a informação errada. Por exemplo, se me perguntassem em que ano a casa tinha sido construída e eu não soubesse, eu fazia uma estimativa com base no que eu achava provável (sem que os clientes soubessem) e mais tarde buscava a informação correta e mandava uma mensagem para eles: "Foi ótimo vê-los hoje no meu *open house*![4] Eu só queria dar um retorno a vocês e informar que a casa foi construída em 2002, não em 1996. Estou à disposição caso tenham outras perguntas!". Antes de tudo, essa era uma tirada de gênio, pois me dava uma desculpa para entrar em contato com os compradores em potencial. E, segundo, nem os corretores de imóveis mais experientes sabem tudo. Eu não precisava me sentir constrangida nem desconfortável ou minar minha credibilidade pedindo desculpas (erro letal nº 1) ou explicar que era nova na profissão e não sabia muito ainda (erro letal nº 2). Eu queria ser levada a sério, então agia com seriedade.

---

[4] Expressão em inglês usada no ramo imobiliário, indicando que o imóvel à venda ou para alugar está em exposição para potenciais compradores. (N. da T.)

MÃOS NA MASSA, *BITCH*!

A melhor maneira de aprender a fingir é encontrar uma pessoa que você admire e tentar fazer sua melhor imitação dela até praticamente se tornar essa pessoa. Pode ser alguém que você tenha visto na academia de ginástica, no escritório, nas mídias sociais, nos jornais ou na TV (*moi?*). Inclua toda a Marvel nesse exercício. Pense, a Viúva Negra surtaria apenas por não saber colocar papel na droga da copiadora? Em seguida, examine o que torna uma pessoa marcante. É a maneira como ela anda? Fala? Se veste? Movimenta o corpo? Lida com conflitos? Quem é essa pessoa, qual é a motivação dela? Como ela fala, qual é a aparência dela? Então pegue essas mesmas qualidades e adapte-as para a sua própria vida. Essa versão melhorada de você é agora o seu alter ego de Boss Bitch. Ela não tem que lhe ocorrer o tempo todo, mas é quem você evocará quando quiser fazer bonito.

Paris Hilton é um excelente exemplo. Ela construiu uma carreira inteira em torno de uma personagem que na verdade não tem a ver com a própria Paris, mas ela sabe que as pessoas amam essa personagem, então ela se diverte muito fazendo isso. Veja o programa de culinária apresentado por Paris, no qual age como se realmente fosse burra e não conseguisse fazer nem ovos mexidos... Essa *bitch* tem uma linha de perfumes de um bilhão de dólares e trinta e duas empresas. Você realmente acha que ela é tão burra? Claro que não! Na verdade, ela é muito inteligente, mas interpreta essa personagem porque ela lhe trouxe uma vantagem que a ajudou a fazer sucesso.

No meu caso, meu alter ego é alguém que eu inventei. O nome dela é Svetlana e ela é ainda mais empoderada do que eu. É ela quem eu canalizo quando vou trabalhar e preciso arrasar. Ela adora homens ricos, mulheres mais ricas ainda, carros esportivos italianos e saltos altíssimos, além de saber manejar muito bem um chicote.

Tudo bem se no começo você não se sentir como essa pessoa por dentro. Esse é justamente o objetivo do exercício. Quanto mais você tentar imitar essa pessoa, mais seu cérebro vai assimilar as qualidades dela, até que se torna cada vez mais natural invocar esses superpoderes sempre que você precisar deles.

FAÇA PERGUNTAS, CARAMBA!

Outra armadilha comum em que as mulheres caem no escritório ou ao fazer negócios é o medo de parecerem burras ou incompetentes, e por isso elas não pedem ajuda nem vão mais fundo no problema, para investigar a situação com mais profundidade. Quando fiz o exame de licenciamento imobiliário, ele incluía perguntas como "Quem aprovou a lei do chumbo em 1978?" e "A que distância os predadores sexuais têm que ficar de uma comunidade?". Isso não é exatamente aplicável ao dia a dia de uma corretora imobiliária. Fiz o que precisava para memorizar as respostas para o teste, mas, quando as transações imobiliárias de verdade começaram a chegar à minha mesa, eu não tinha ideia do que fazer. Havia uma papelada aparentemente infinita e nenhuma das respostas aleatórias que eu tinha estudado para o exame chegava perto de me ajudar. No começo, eu ficava com muito medo de perguntar, porque eu odiava a sensação de ser a garota nova, e tinha muito receio do que as pessoas iam pensar de mim (como as coisas mudaram!). Mas eu literalmente não conseguia fazer o meu trabalho até criar coragem para pedir ajuda. Por fim, fiz algumas perguntas às minhas colegas de escritório, mas nenhuma parecia muito disposta a me ajudar. Elas apenas davam de ombros e voltavam ao que estavam fazendo. Era meio estranho. Então perguntei ao meu chefe, Jason, e ele disse:

– Bem, não se preocupe. Angelina e Erica estão aqui para isso – referindo-se às auxiliares de escritório encarregadas de cuidar das questões administrativas. – Deixe que elas resolvam essa questão mais burocrática.

Eu disse a Jason que queria fazer aquilo eu mesma, apenas para entender como funcionava todo o processo. Preferia ver em primeira mão todos os diferentes níveis da venda de um imóvel.

– Mas eu pago um salário a essas pessoas para que façam esse trabalho – disse Jason, claramente começando a perder a paciência comigo. – Você não precisa fazer isso você mesma.

Ele não ia ceder, então dei meia-volta e fui até a minha colega de trabalho Nicole e disse a ela que queria cuidar pessoalmente de todos os passos do processo da minha última venda. Ela foi incrivelmente solícita e me ensinou como tratar de cada etapa. Pedi ajuda e, como resultado, passei a ter uma compreensão muito mais detalhada do processo de venda do que muitos dos meus concorrentes (quer dizer, colegas de trabalho). Eu não gosto de ter que admitir que não sei alguma coisa, e definitivamente não gosto que falem como se eu não tivesse capacidade para entender alguma coisa, mas, no final, eu me saí muito bem.

Às vezes você só precisa tirar seu ego da parada. Se não pedirmos ajuda ou não fizermos perguntas para poder aprender a demonstrar maestria em tudo o que fazemos, então estamos apenas retardando nosso sucesso. Você já se pegou pesquisando no Google exaustivamente antes de ousar perguntar a um colega sobre como fazer algo no trabalho? Você sente que as pessoas vão achar que você é burra se perguntar? Bem, pense no seguinte: se um homem estivesse fazendo uma pergunta no trabalho para outro homem, esse intercâmbio provavelmente seria assim:

– Amigo, pode me mostrar como usar essa coisa?

– Claro, amigão, vou te mostrar; sem problemas, cara.

E a cena viria acompanhada de vários tapinhas no ombro.

Você não tem que fazer um grande drama só porque precisa pedir ajuda e definitivamente não precisa se desculpar por isso. Você só precisa ter a coragem de dizer: "Ei, quer saber? Preciso que você me ensine a fazer isso. Depois posso fazer sozinha".

Isso é muito mais do que apenas uma questão de confiança. Porque, quando pede ajuda, você também está aprendendo. O que significa que está melhorando em seu trabalho. O que significa que está chegando muito mais perto de ser não apenas uma Boss Bitch, mas "A Boss Bitch". (E ela precisa aprender coisas novas de vez em quando!) As pessoas vão ter suas opiniões sobre você e vão julgá-la de qualquer maneira, então por que não promover sua carreira no processo? E acredite, quanto mais você se expressar e perguntar o que precisa saber no trabalho, menos desconfortável vai se sentir fazendo isso.

Outro aspecto da mesma questão é o medo de fazer perguntas numa situação em que você precisa se virar sozinha, especialmente ao fechar um negócio. Eu aprendi isso da pior maneira possível quando estava trabalhando como atriz. Eu tinha um agente que me descobriu (sim, eu sei, é muito chato e brega quando as pessoas dizem coisas como, "Fui descoberta enquanto passeava no shopping!"; mas eu realmente fui descoberta!). Ele entrou em contato comigo depois que fiz meu primeiro filme, *Shark Night 3D*. O nome dele é Rob e sua especialidade era encontrar novos talentos e desenvolver a carreira desses novatos. Desde o início, tivemos um relacionamento incrível. Ele me incentivava quando eu duvidava de mim mesma, me dizendo coisas como, "Para com isso e vá em frente!" ou "Não se esqueça de quem você é. Vamos lá!". E também nós brigávamos como cão e gato, tipo, "Foda-se! "Foda-se!". "Falo com você amanhã; te amo, tchau!" Ele era como o padrinho do reality *Dance Moms*. E eu adorava isso. Era um motivador poderoso e reconhecia meu valor. Trabalhamos juntos por anos, e ele até conheceu a minha família. Durante esse tempo, ele me conseguiu grandes oportunidades, a ponto de realmente me colocar no mapa e fazer com que as pessoas soubessem quem eu era. Por fim, uma grande agência (estou falando de uma das cinco maiores do país) acabou entrando em contato para dizer que queriam me representar. Eles me disseram que realmente queriam trabalhar comigo, me levaram a jantares elegantes e ficamos naquela de beber enquanto falávamos de negócios. Eu fiquei tão deslumbrada com tudo o que eles estavam prometendo que decidi assinar contrato com eles e dispensar Rob.

Bem, acabei só ficando na lista deles para sempre, porque eu era apenas uma entre as centenas de outras garotas como eu, que eram representadas pela agência. Até que finalmente consegui um trabalho – e dos bons. Tratava-se de um papel e uma oportunidade tão grandes que nunca parei para questionar nada. Simplesmente voei para Miami e gravei minhas cenas com essas grandes celebridades. Então eles quiseram que eu fizesse uma cena que não me deixava muito confortável (e eu nem tinha percebido que teria que fazê-la porque nunca tinha pensado em perguntar), mas fui em frente e fiz, porque eu estava com muito medo de dizer não. E depois de tudo, minha parte foi editada... até sobrar apenas aquela cena. Liguei para o meu agente para dizer, "Que droga é essa?! Por que cortaram praticamente todas as minhas cenas?". E a única resposta dele foi "Você foi paga, então qual é o problema? São negócios". Eu fiquei arrasada. Simplesmente destroçada. Não só tinha ido contra meus instintos, como também virado as costas para alguém que realmente se importava comigo (outra grande lição do mundo dos negócios: intuição é tudo!). Mas eu nunca parei para fazer algumas perguntas realmente importantes que teriam me impedido de entrar naquela confusão toda. Eu deveria ter perguntado aos meus novos agentes o que eles tinham em mente para a minha carreira ou que tipos de papéis eles pretendiam me oferecer ou se me deixariam fazer um teste de duas semanas. Mas eu tinha cometido um pecado nos negócios por duas coisas: estava com muito medo de perguntar e não tinha feito minha lição de casa.

O que você precisa entender é que perguntar não faz as pessoas pensarem que você não sabe nada. Pelo contrário: cravar as pessoas de perguntas relevantes mostra a elas que você sabe das coisas e que se importa o suficiente para ir atrás das respostas de que precisa. E o que é ainda mais importante é que, depois de fazer perguntas, você tem todas as informações necessárias para tomar uma decisão fundamentada, que apoiará seus interesses. O bem mais valioso que você tem é a sua intuição e, se você não está recebendo todos os fatos de que precisa, não vai ser capaz de avaliar completamente uma situação e analisar o que seus instintos estão lhe dizendo.

SUPERE AS EXPECTATIVAS

Quando eu era a novata do Grupo Oppenheim e estava começando na minha carreira imobiliária, estava sempre procurando maneiras de me destacar. Isso porque a história de uma aspirante a atriz que virou corretora de móveis não é exatamente um enredo inovador aqui em LA. Eu rapidamente percebi que o que me faltava em experiência poderia ser compensado com determinação e um toque de talento.

Porque, embora eu admita que tinha muito que aprender, ninguém trabalha mais do que eu.

A primeira tarefa era praticar, praticar e praticar. Sempre que alguém precisava de uma corretora para ficar num *open house*, eu me oferecia. Algum trabalho pesado no escritório? Eu aceitava com prazer. Eu era como aquele estagiário irritante que vive à base de café barato e sonhos de grandeza, só que, em vez de ficar correndo de um lado para o outro como um cachorrinho perdido, eu estava numa missão. (Ah, e eu não sirvo café.) Eu não pensava no meu trabalho como um meio de pagar as contas ou um grande sacrifício. Em vez disso, encarava os desafios da minha nova carreira como uma oportunidade.

Eu também tinha uma boa dose de otimismo. Sempre acreditava que meu próximo cliente estava prestes a aparecer. Nas minhas primeiras semanas de trabalho, assim que eu fazia contato visual com uma pessoa nova, entregava um dos meus cartões de visita. E esses cartões não eram baratos. A empresa mandava confeccioná-los com um molde de metal personalizado e papel de qualidade, gravado com nosso nome e telefone. Na verdade, eu não tinha dinheiro para comprar esse tipo de cartão na época, mas aguentei firme e comprei com o meu cartão crédito, porque sabia que eles me dariam credibilidade, pelo menos na minha cabeça. E como já sabemos, quando algo se enraíza no cérebro, é apenas uma questão de tempo até que se torne real no mundo exterior.

Assim que meus cartões chegaram, comecei a me esforçar para conhecer pessoas. Fosse numa aula de yoga ou num happy hour, se eu conhecia alguém e começássemos a conversar, eu logo dizia: "Vou deixar com você o meu cartão". Entregar essa extensão personalizada e feita sob medida para mim não apenas fazia eu me sentir profissional e elegante, como também era um primeiro passo importante para divulgar meu nome e fazer contato com pessoas que acabariam por se tornar minhas clientes.

O próximo passo foi assumir *open houses* e encará-los como projetos pessoais. Isso não foi difícil, porque nenhuma corretora da minha imobiliária gostava desse tipo de serviço. Os *open houses* eram realizados todos os domingos e terças-feiras, e duravam de três a quatro horas. O corretor não é pago para ficar ali e não há garantia de que alguém vá aparecer para fazer uma oferta de compra. Mas eu sempre me oferecia. Pegava uma pilha de anúncios de Jason e me oferecia para ficar em todos os *open houses*.

Esta foi a minha melhor chance de praticar minha nova profissão no ramo imobiliário. Quando as pessoas entravam numa dessas propriedades, elas não sabiam que o imóvel estava sendo vendido pela imobiliária de Jason. E aquilo não importava. Eu era a pessoa que estava presente ali, então tinha que responder às perguntas e treinar minhas habilidades como corretora.

"Oi, seja bem-vindo! Deixe-me te contar tudo sobre a casa. São quatrocentos metros quadrados, cinco quartos, quatro banheiros. Eu vou te mostrar o lugar." Para mim, isso era como atuar ou até como ser criança e voltar a brincar de faz de conta. Era divertido. E fazendo isso repetidamente, eu me sentia mais confiante em meu trabalho de corretora. Eu sou muito grata a todas aquelas horas passadas em *open houses*, porque elas aceleraram o ritmo em que eu avançava na minha carreira e me ajudaram a cultivar mais rápido um sentimento de autoconfiança. Depois que comecei a ter a minha própria carteira de imóveis, tinha a meu favor toda aquela experiência anterior, com a qual eu não contaria se não tivesse me voluntariado para todo aquele trabalho que ninguém mais queria fazer.

Ao mesmo tempo, comecei a receber ligações das pessoas que tinham recebido meu cartão de visita chique, mesmo meses depois. Eu recebia uma mensagem de voz do tipo, "Oi, nos conhecemos no inverno, naquela aula de dança, e me lembrei de você porque estou querendo vender a minha casa". Todos aqueles primeiros meses de esforço começaram a valer a pena, e era hora de levar as coisas para o próximo nível.

Quando comecei a realizar *open houses* da minha própria carteira de imóveis, eu fazia questão que fossem eventos muito especiais. Então, num dos primeiros, levei cupcakes para as pessoas que iam visitar a propriedade. Jason deu uma passada lá e não entendeu nada.

— Por que você trouxe cupcakes? — ele me perguntou.

— Ah, é apenas algo que eu achei que as pessoas iam gostar — eu disse.

— Bem, você não precisa fazer isso — ele me disse.

— Sei que não preciso — respondi. — Mas eu quero.

Entendo a surpresa dele. A maioria dos corretores apenas oferece panfletos, no máximo garrafinhas de água mineral.

Mas, para mim, aqueles pequenos toques pessoais faziam toda a diferença. Personalizavam os meus *open houses*, e eu realmente acreditava que ajudavam a fazer com que as pessoas se lembrassem dos imóveis. Eu levava biscoitos que eu mesma assava em casa e acendia velas aromatizadas. Também tinha lido em algum livro de cultura chinesa que dava sorte ter frutas na cozinha, por isso eu colocava fruteiras cheias de laranjas ou limões na bancada. Queria criar um ambiente que ajudasse as pessoas a se sentirem como se já estivessem em casa.

Não havia como ter certeza se aquilo funcionava ou não, pois as pessoas não fazem uma oferta por uma casa e dizem, "Sabe, foram aquelas velas perfumadas incríveis que realmente me fizeram decidir por essa casa". Mas, inconscientemente, posso apostar que o meu esforço extra contribuiu para atrair a atenção dessas pessoas.

Ir além das expectativas também significava pensar fora da caixa em algumas ocasiões. Um dos meus primeiros clientes era uma mulher que tinha me conhecido num de meus *open houses*. Ela era uma Boss Bitch proeminente, que me disse que aquele imóvel em particular não a agradava, mas explicou o que estava procurando.

– Você já tem um corretor? – perguntei a ela.

Ela não tinha.

Eu disse a ela que adoraria ajudá-la a encontrar um lar. Estava muito animada para finalmente ter a minha primeira cliente. Eu trabalhei duro com ela, levei-a a mais de dez propriedades e verificava diariamente as novas propriedades que entravam no banco de dados de imóveis da MLS.[5] Até começamos a ficar amigas e ela me convidou para uma festa na casa dela. Então, um dia recebi uma mensagem dela sobre uma propriedade que eu não tinha lhe mostrado. "Muito obrigada por me mostrar aquela casa. Gostaria de fazer uma oferta", escreveu ela.

A mensagem não era destinada a mim. Ela estava trabalhando com outro corretor de imóveis. Aquele foi um golpe duro para mim. Sério, parecia que eu tinha acabado de pegar meu parceiro me traindo. Que audácia! Eu pensei que tínhamos ficado amigas e não fazia ideia de que ela estava trabalhando com outra pessoa pelas minhas costas. Acabei descobrindo que o outro corretor havia mostrado a ela uma propriedade que ainda não tinha sido colocada no banco de dados e era para essa casa que ela tinha feito a oferta. Embora tenha sido uma experiência difícil para mim, tanto no nível pessoal quanto no profissional, foi uma lição importante que eu aprendi. Eu precisava pensar fora da caixa para ser bem-sucedida naquele ramo de negócios e saber que eu tinha muitos concorrentes (e alguns deles eu nem conseguia ver!).

Em todo campo de trabalho, você pode fazer as coisas de acordo com as regras ou pode sair um pouco do roteiro. Depois que a minha cliente comprou essa casa com outro corretor, eu me dei conta de que precisava ser mais criativa.

---

[5] O MLS (Multiple Listing Service) é um banco de dados que inclui a maioria dos imóveis disponíveis para aluguel e venda nos Estados Unidos e ao qual todos os corretores licenciados do país têm acesso. (N. da T.)

Comecei a conversar com os desenvolvedores do MLS, para ficar por dentro do fluxo de propriedades que entravam e saíam, antes mesmo de chegarem ao mercado. Eu marcava almoços e reuniões com meus amigos ricos para ter uma noção do tipo de propriedades que havia fora do mercado e fora do nosso banco de dados. Eu poderia ter considerado esse golpe como um grande revés e colocado um ponto-final na história com um "Boa sorte da próxima vez". Em vez disso, decidi arregaçar as mangas e fazer minha própria sorte. E pode apostar que valeu a pena.

Qualquer pessoa, em qualquer tipo de carreira, pode ir além das expectativas e se esforçar um pouco mais. No mínimo, você aprenderá mais e com mais rapidez. Mas, além disso, as possibilidades são infinitas, especialmente se você estiver pensando em como tirar vantagem da situação. São esses toques que imprimem sua marca no que você faz, e mesmo que você possa estar vendendo os mesmos carros que outra garota ou oferecendo os mesmos serviços de contabilidade que qualquer outro contador da cidade, ninguém pode fazer o que você faz do jeito que você faz. Ir além das expectativas de acordo com o seu estilo pessoal de Boss Bitch é uma maneira infalível de aumentar o valor das suas ações.

MÃOS NA MASSA, *BITCH*!

Eu queria que você recapitulasse os cinco arquétipos Boss Bitch, especificamente aquele que descobriu que tem mais a ver com você, de acordo com o teste do Capítulo 2. Agora pense nos valores e atributos que são exclusivos do seu arquétipo e como você pode conectá-los com o seu campo de trabalho, de modo que consiga se destacar. Por exemplo, se você é uma Boss Bitch Executiva, para ir além das expectativas você precisa oferecer um atendimento imbatível e pontual e se destacar entre concorrentes que talvez demorem demais para responder a mensagens e e-mails ou para atender aos pedidos dos clientes. A Boss Bitch Criativa pode pensar em acrescentar um toque de cor ou vivacidade ao seu trabalho enquanto outras profissionais do seu ramo estão apenas sonhando em preto e branco. As Boss Bitches Matriarcas podem se destacar da concorrência certificando-se de que todos os seus clientes se sintam bem atendidos, oferecendo bebidas ou lanchinhos feitos por ela ou adotando uma abordagem mais acolhedora, em vez de uma venda mais impessoal.

Agora pense em como você mesma pode levar isso a um nível superior. Para mim, foram os cupcakes nos *open houses* e os cartões impressos num papel tão bom que ninguém tinha coragem de jogar fora. Você não poderia projetar um boletim informativo para clientes ou clientes em potencial? E fazer cartões de visita personalizados com o seu próprio logotipo? Eles não necessariamente têm que ser caros, mas eu garanto que, se você caprichar nessa estratégia extra, valerá a pena.

NÃO TENHA MEDO DE DESISTIR

Eu sei que essa é uma questão controversa, mas eu realmente acredito que, para desenvolver seu poder pessoal no trabalho, você tem que se sentir confortável com a ideia de desistir se realmente for preciso. Porque desistir de algo que não está mais trazendo vantagens chama-se "pôr limites". E deixe-me dizer que essa é a minha segunda palavra favorita. Quando você tem limites, isso significa que sabe exatamente o que você é e o que não está disposta a fazer, e ninguém pode brincar com isso. Ter limites é o mesmo que ter um código, um sistema de crenças pessoal. E essa coisa é poderosa. Muitas mulheres se enganam ao achar que desistir é o mesmo que fracassar, e essa simplesmente não é uma crença que vai favorecê-la nos negócios. Você provavelmente arrumará empregos que não terão nada a ver com você, chefes que não a tratarão bem ou colegas de trabalho com quem não sente afinidade. Você tem uma escolha: pode ficar e se convencer de que está feliz ou pode encontrar algo melhor (algo que com certeza você vai conseguir). Então esqueça o velho ditado "melhor um pássaro na mão do que dois voando" e abra a sua mente para a ideia de que às vezes é melhor soltar o que você tem na mão.

Desde muito jovem sempre tive facilidade para dizer "não". Eu sabia o que queria e não tinha medo de falar isso em voz alta. "Não" é uma palavra simples de três letras, mas é uma das coisas mais difíceis para se dizer às pessoas. Eu, no entanto, apenas intuía que precisava dizer "não" e me afastava das situações em que sabia que não queria mais estar. E, como resultado, aprendi muito cedo sobre o poder de sair das situações que já não pareciam mais favoráveis, orgânicas ou autênticas para mim. Por exemplo, eu me demiti ou fui demitida de quase todos os empregos que tive na adolescência, porque eu estava sempre me defendendo. Quando eu tinha 16 anos e trabalhava no Sonic, eles decidiram um dia que todos os funcionários tinham de entregar os pedidos de comida usando patins. Eu disse:

– Isso é perigoso demais! Não quero quebrar um tornozelo. Não sou patinadora. Não posso fazer isso. – Mas meu chefe me disse que era a política corporativa e que, a menos que eu tivesse um atestado médico, teria que seguir a nova regra. Fui para casa e forjei um atestado muito bom, que por um tempo quebrou meu galho. Mas eles acabaram descobrindo que eu não tinha um problema físico legítimo que me impedisse de patinar e, como eu ainda me recusava a usar patins, eles me demitiram.

Eu tinha perdido o meu emprego no Taco Bell de um jeito parecido quando tinha 15 anos. Sempre adorei fazer as unhas e, embora trabalhasse numa cadeia de fast food, paguei 40 dólares num novo conjunto de unhas postiças, que era muito dinheiro para mim na época. Minhas unhas postiças nunca tinham sido um problema, mas um dia meu chefe me disse que elas eram um perigo porque podiam cair na comida. Se eu quisesse manter o emprego, teria que remover minhas unhas de acrílico antes de ir trabalhar no dia seguinte. Então eu desisti do emprego.

Sei que, à primeira vista, essas podem parecer razões um pouco fúteis. Você largou dois empregos por causa de patins e unhas postiças? Eu nunca pedi demissão por rebeldia, mas sim por não querer diminuir meu valor por causa um emprego. Por algum motivo, eu via que sempre haveria outras opções, que eu deveria encontrar um emprego que se adaptasse a mim e às minhas necessidades e desejos, e não o contrário. Eu levei essa atitude comigo na minha carreira como atriz e, por fim, para o ramo de imóveis.

Quando comecei a atuar, tudo era muito divertido e realmente gratificante. Desde o momento em que comecei a representar nas peças de teatro do ensino secundário, sempre tive paixão por atuar, então fazer isso profissionalmente parecia bom demais para ser verdade. Quando eu ainda morava em Dallas, consegui ser selecionada para o elenco de um filme chamado *Shark Night 3D*, e foi nessa época que eu oficialmente peguei a febre de atuar. Eu estava trabalhando como modelo, mas atuar naquele filme mudou tudo. Eu me mudei para Los Angeles e comecei a fazer testes. Durante aqueles anos, eu sentia essa profunda empolgação com o trabalho; cada audição era uma aventura e assim consegui muitos papéis.

Mas, depois de um tempo, o feitiço se desfez e o trabalho ficou menos frequente. Comecei a ser rotulada de loira burra estereotipada. As audições provocavam muito estresse, do tipo: Se eu não conseguir esse trabalho, o que eu vou fazer? Meu coração não estava mais naquele trabalho e comecei a desanimar, porque eu precisava dele para pagar as contas. Mais do que qualquer outra coisa, eu experimentava aquela velha sensação de que a minha liberdade estava sendo tolhida – a parte da minha vida que eu mais valorizo. Eu não estava no controle, não era eu quem decidia se eu iria ou não ser escalada para um filme. O diretor de elenco poderia estar num dia ruim, ou poderia ter um relacionamento melhor com outra atriz, ou amizade com a filha de um amigo de sua mãe (acontece!).

Não importa o quanto eu fosse talentosa, no final das contas eu realmente queria colocar meu destino e meu futuro nas mãos de uma atriz fracassada com o cabelo espigado e seis gatos resgatados? Como diria a grande poetisa Ariana Grande: "Obrigada, que venha o próximo!". Eu acredito que, assim que você começar a se ressentir da coisa de que mais gosta, é hora de mudar. A atitude despreocupada e indiferente que eu costumava ter havia deixado de existir e o fogo se extinguira. Minha intuição me dizia que era hora de fazer uma mudança, e eu sabia que não queria acabar como uma dessas ex-atrizes de novela quarentonas ainda tentando conseguir sua grande chance.

Então fiz uma mudança radical. Quando eu sabia que estava pronta para uma mudança na minha carreira profissional, mas ainda não sabia que mudança seria essa, um ex-namorado me apresentou para seu amigo, Jason Oppenheim. (E, acredite, foi a única coisa boa que obtive daquele trapaceiro de 1,80 m de altura.) Até eu sabia que ele era um grande nome do ramo imobiliário em Los Angeles. Ainda assim, tive minhas dúvidas no início.

– Confie em mim – disse meu ex-namorado. – O mercado imobiliário tem tudo a ver com pessoas e você sabe lidar com pessoas. Vai se sair muito bem.

Almocei com Jason, nos demos bem e ele despertou meu interesse pelo seu ramo de trabalho. Jason me disse:

— Me procure quando já tiver sua licença de corretora imobiliária.

Só a ideia de fazer a prova para ser corretora de imóveis já era bem assustadora. Estudar simplesmente não era minha praia, especialmente por causa do meu diagnóstico de TDAH. Mas eu sabia que tinha que me conformar e superar esse obstáculo se quisesse tentar trabalhar no setor imobiliário. Então consegui uma receita de Adderall e decidi que, se eu queria ser corretora, precisaria passar na prova o mais rápido possível. Quanto mais postergasse, mais tempo demoraria para eu começar a ganhar dinheiro ou viver a vida em meus próprios termos.

Para ser bem sincera, eu não tinha uma grande afinidade com o mercado imobiliário. Claro, eu adoro uma bela casa tanto quanto qualquer mulher de classe, mas os corretores são como modelos que só provam as roupas, mas não ficam com elas. Porém o que eu realmente adoro é me relacionar com as pessoas e ajudá-las, neste caso, a encontrar exatamente o que elas querem numa casa. O que mais me atraía nesse mercado não era o trabalho em si. Ser corretora de imóveis significava que eu poderia sair e encontrar meus próprios clientes, escolher com quem eu queria trabalhar e decidir quando e quanto eu queria trabalhar. E embora Jason e seu irmão Brett fossem donos do grupo Oppenheim e eu fosse tecnicamente uma de suas funcionárias, eu ainda trabalhava basicamente por conta própria, com um contrato independente e pagando eu mesma os meus impostos. Em outras palavras, o ramo imobiliário significava que eu poderia preservar a minha liberdade, que é o que eu mais prezo neste mundo.

Voltando ao assunto do exame. Durante três semanas, eu não fiz outra coisa a não ser estudar. Sentava-me todas as noites com anotações que eu mesma tinha feito e mergulhava num curso intensivo de imóveis que eu criei com base em aplicativos e no livro *Real Estate for Dummies*. Eu pedia Pizza Hut para viagem e estudava. Nada mais. Foi, na verdade, a primeira vez que levei um exame realmente a sério, porque eu me importava com o assunto. E depois de tanta dedicação, eu passei. E acabei descobrindo que isso era uma raridade, porque me disseram que a maioria das pessoas leva de três a seis meses para obter sua licença, e muitos não passavam da primeira vez. Mas eu estava muito motivada e, de repente, iniciei uma carreira totalmente nova. (Obrigada, Teva Pharmaceuticals!)

Depois de anos aprendendo da maneira mais difícil que, quando eu não vejo razão para me esforçar, não tenho motivação nenhuma para fazer isso (razão número 572 para o ensino secundário não ter funcionado tão bem para mim), me dei conta também de que não fico motivada quando há alguém mandando em mim ou me dizendo o que fazer (apenas no quarto, por favor e obrigada). Foi só quando eu saí para o mundo e encontrei a minha paixão que percebi que não era preguiçosa coisa nenhuma! Depois que eu mergulhava de cabeça em algo que eu realmente queria fazer, conseguia me dar muito bem.

É uma sensação inconfundível quando aquele fogo em suas entranhas desperta. Cabe a você prestar atenção nisso. Não ignore o ressentimento que pode começar a tomar conta da sua vida profissional. Ouça aquela vozinha em sua cabeça quando ela lhe diz que algo não está bem ou que você não está feliz. Se você é o tipo de pessoa que costuma criar listas de prós e contras antes de realizar uma mudança na carreira, faça isso. Ou se você gosta mais de sentir as coisas, tente se manter realmente presente da próxima vez que sua intuição começar a disparar um alarme. No fim, tudo se resume a confiar em si mesma. Quanto mais você praticar a sintonia com sua intuição, mais fácil será confiar nela.

Depois de anos aperfeiçoando essa habilidade de sintonizar o que eu precisava e queria, aprendi a de fato avaliar a minha vida, procurando sempre priorizar o que está funcionando e evitar o que não está bom. Foi por isso que, quando o setor imobiliário deixou de ser tão divertido quanto no início, não me assustou a ideia de deixá-lo. Pelo contrário, fiquei entusiasmada e mal via a hora de saber o que viria depois. No meu caso, eu queria ainda mais liberdade para ser eu mesma e expressar o meu lado criativo. É por isso que estou me dedicando à abertura de uma empresa de maquiagem e perfumes, porque sempre amei cosméticos e agora sou eu quem dá as ordens.

PEGUE LEVE

Eu sei que isso pode ser um choque para você, mas eu não dou a mínima para o que as pessoas pensam de mim – inclusive nos negócios. Eu classifiquei essa regra cardeal na mesma categoria de não pedir desculpas e não ter medo de pedir ajuda, porque você tem que deixar de lado o que as pessoas pensam de você para atingir todo o seu potencial Boss Bitch. Quando estou trabalhando, sou uma profissional completa. Sou pontual, respeito o tempo das pessoas e me esforço para cumprir minha parte na relação de trabalho. Mas, no final das contas, você não pode se levar muito a sério, porque, se fizer isso, vai estar basicamente admitindo que está preocupada com o que as outras pessoas vão pensar de você. Se, no entanto, parecer que você não dá a mínima, então (talvez ironicamente) as pessoas gostarão mais de você por isso, porque acharão mais fácil se relacionar com você e isso vai projetar o tipo de confiança que agrada as pessoas.

Quero dizer, basta olhar para o reality show. Você acha que eu cheguei aonde cheguei por ter medo de mostrar às pessoas quem eu realmente sou ou por me levar tão a sério a ponto de me fechar emocionalmente? Não, em vez disso eu me mostrei vulnerável. Eu não fui pega na armadilha de querer ser perfeita o tempo todo, como algumas das outras garotas, que se importam demaaaaais com o que os espectadores vão pensar sobre elas se entrarem numa discussão em frente às câmeras (o que eu gosto de chamar de "o especial do produtor") ou se cooperarem para acrescentar um pouco mais de drama simulado. Eu adorava filmar cenas com Amanza, porque podíamos ser ridículas e exageradas, e entrar totalmente nas situações, depois rir muito quando as câmeras eram desligadas. Gostei também do episódio em que não conseguia entrar no meu imóvel à venda. Você realmente acha que eu não conseguiria entrar no meu próprio imóvel? Claro que tenho a droga das chaves. A cena foi totalmente fabricada para a televisão. Há uma equipe de setenta pessoas filmando do lado de dentro, com uma autorização da cidade de West Hollywood para filmar nesse local por pelo menos uma semana. Você acha que ninguém teria acesso à porta da frente? Eu poderia ter reclamado da cena por me fazer parecer pouco profissional, mas concordei porque achei engraçado e levo as coisas na esportiva. Por isso eu só disse algo do tipo, "Ah, puxa, desculpe. Acho que não vamos poder entrar... Foi mal!". E então Heather e eu tivemos que começar uma briga de mentirinha (e eu achei que nos saímos muito bem). No final das contas, só eu sei o quanto trabalho duro na vida real. Sei que eu sou incrível no que eu faço. E também estou bastante confiante de que ninguém que está assistindo ao reality vai dizer, "Ela é uma droga de corretora de imóveis". E mesmo que diga, eu sei que não é verdade e isso é tudo o que importa.

Essa regra não vale apenas para a televisão, ela se aplica também à vida real. Se eu cometer um erro ou parecer uma idiota no trabalho, vou apenas rir disso. Merdas acontecem. É muito cansativo fingir ser perfeito, porque, sejamos sinceras, todo mundo sabe que isso é impossível. Quem você está tentando enganar? Em vez disso, concentre essa energia, dê conta de toda a sua lista de afazeres e pense grande com relação ao seu dinheiro. Essas atitudes vão falar muito mais alto do que qualquer coisa que você disser.

Capítulo 5

Cuide Bem da sua Vagina

Eu quero fazer um aparte para falar sobre relacionamentos. Mas não pense que este capítulo vai ter alguma semelhança com um artigo da revista *Cosmopolitan*, do tipo "Encontre o homem (ou a mulher) dos seus sonhos". Este capítulo é inteiro sobre como se apropriar de um dos ativos mais poderosos que todas as mulheres (e, em espírito, alguns homens também) têm: o Poder da Vagina. Não vá ficar escandalizada comigo agora por causa do que eu disse. É melhor você levar isso a sério se realmente quer liberar todo o seu potencial de Boss Bitch.

O que colocou o Poder da Vagina em perspectiva na minha vida foi o nascimento de Christian. Achei que, se eu pudesse conceber, gerar e dar à luz um bebê (ou ter um Edward Mãos de Tesoura tirado de dentro de mim), então eu poderia fazer qualquer coisa. Isso não significa que todas nós precisamos ter um bebê para chegar a essa conclusão, mas o que eu quero dizer é que o Poder da Vagina é uma energia primal. Ele faz parte do kit completo de ser mulher e é a coisa mais poderosa e sagrada de toda a humanidade. Não sou eu quem está dizendo isso, é a própria evolução que diz.

O fato é que nós exercemos um fascínio único que, quando assumido e usado do jeito certo, faz dos homens, e até de algumas mulheres, seres indefesos (e eu sei que todas as mulheres sabem disso). Eu não estou dizendo que devemos ser manipuladoras (embora, sim, é tipo um poder de manipulação, em sua melhor forma possível). Nunca vou me esquecer da primeira vez em que ouvi sobre o Poder da Vagina. Até os 16 anos, eu vivia basicamente no escuro quando se tratava de sexo. Por causa do plano dos meus pais de me manter longe do mundo e de toda essa coisa de catolicismo, eles nunca me ensinaram nada com relação ao meu corpo e principalmente com relação a sexo. Acrescente a isso o fato de morarmos no Texas, onde a educação sexual praticamente não existe, e você terá uma ideia da minha ignorância. Um dia, eu estava passeando com meus cachorros no bairro com uma garota que era minha vizinha. Ela me disse que tinha beijado um cara e, sem brincadeira, a minha resposta foi "Ah, meu Deus! Você não tem medo de ficar grávida?!". Se ela não tivesse ficado tão chocada, teria rido na minha cara. Em vez disso, acho que ela se sentiu mal por mim e me fez o favor de me explicar ali mesmo, da melhor forma possível, sobre os pássaros e as abelhas. Não preciso nem dizer que foi cho-can-te.

Depois disso, porém, comecei a namorar um cara que era um pouco mais velho do que eu e aprendi um pouco sobre o assunto quando começamos a sair. Eu fiquei, tipo, "Ah... entendi agora". E não havia como voltar atrás. Eu sempre me senti sexy, mesmo antes de saber o que era sexo, pois era apenas mais uma maneira de expressar minha autoconfiança e me divertir enquanto fazia isso. Depois do meu namorado bad boy, decidi gostar de sexo, sair com vários caras e decidir quem, onde, o quê e quando. Eu tinha assumido totalmente o meu poder e não via razão para não lançar mão dele e usá-lo como um meio de conseguir o que eu queria. Eu adorava brincar com os caras e partir o coração deles, ter mais de um namorado ao mesmo tempo e dois garotos me convidando para o baile. Para ser bem sincera, eu tinha um prazer doentio em ver os caras fazendo o que eu queria. Eu terminava o namoro e eles ficavam com aquele olhar de filhotinho abandonado, choramingando atrás de mim. Quer saber por quê? Porque eu tinha entrado em contato com uma parte profunda e vibrante de mim mesma que ia muito além do físico. Eu não era apenas mais uma linda mulher. Eu era inteligente, engraçada, espirituosa. Eu tinha conteúdo e estilo. E o mais importante: eu tinha valor. Eu havia percebido que não era substituível. As pessoas me viam fazendo meu homem de gato e sapato nos relacionamentos (sexo, controle, a última palavra, ou seja, poder) e diziam, "Ele vai dar o fora nela e encontrar outra garota". Talvez, mas ele não encontrava outra como eu. Porque eu tenho magia. Todas nós temos magia. Todos nós temos essa Afrodite natural dentro de nós.

Não estou dizendo que precisamos sair por aí chicoteando nossos parceiros para que sejam submissos (a menos que eles gostem e, nesse caso, não esqueça o couro, *bitch*). Isso não seria muito satisfatório também. O que estou dizendo, porém, é que, quando você aproveita o Poder da sua Vagina e entra num relacionamento já deixando bem claro quais são os seus valores, padrões e valor próprio, você está preparando o cenário para um relacionamento de verdade. Uma relação que é construída sobre bases sólidas é muito mais duradoura e não desmorona assim que passa a primeira piranha de bunda empinada.

Para ajudá-la a descobrir o poder da sua vagina, reuni as minhas regras de relacionamento mais importantes, que descobri ao longo dos meus anos de namoro na notoriamente complicada LA para solteiros, e depois, quando encontrei o sr. Christine Quinn (ou Christian, como ele insiste em ser chamado). Siga essas regras e estará no caminho certo para encontrar o parceiro perfeito para você (ou para manter o parceiro que você tem) e criar um relacionamento baseado na verdade, no respeito, no amor verdadeiro e num tipo de sentimento que você não pode forjar.

REGRA Nº 1: NUNCA SE ACOMODE... E "ALMAS GÊMEAS" SÃO UMA BOBAGEM

Deixe-me falar sobre o primeiro homem que levei a sério, o sr. Zé-Ninguém. Quando eu tinha 18 anos e trabalhava como garçonete num bar no estilo Erika Jane, conheci um dos primeiros homens que levei a sério. Na época, eu realizava a minha melhor interpretação de bartender que só fala merda e não estava nem aí com nada. Eu ficava admirada com a forma como raramente os funcionários seguiam as regras, não respeitavam seus chefes, e chegavam com a maior cara de pau vinte minutos atrasados para as reuniões de turno, exalando fedor de cigarro e independência. Para mim, isso era o máximo. (Eu mencionei que tinha 18 anos?)

Então uma noite eu conheci esse cara. Ele era fofo, com jeito de estagiário de um grande banco de investimentos, mas não dei muita bola para ele no início. Só o classifiquei como o tipo de cara que vai a bares conhecer garotas (o tipo de sujeito para o qual eu tinha uma regra de nunca me envolver). Mas então descobri que ele estava lá, aquela noite, para comemorar o aniversário de um amigo, por isso dei uma chance a ele. Quando terminei meu turno, ele me convidou para sair. Nós fomos ao Waffle House, que era o único restaurante ainda aberto àquela hora da noite, e eu pedi o All-Star (a coisa mais cara do cardápio, que custava absurdos 7 dólares e 99 centavos). Continuamos a conversar e logo de cara ele me pareceu uma alma bondosa, que não tinha o hábito de julgar os outros. O sr. Zé-Ninguém era um cara clássico do Texas, um cavalheiro, uma verdadeira lufada de ar fresco, e parecia estar gostando da minha atitude impulsiva, boca-suja, mesclada com meu sorriso sulista letal. Não passou muito tempo e ele se tornou meu porto seguro. Ele era leal, apoiava meu sonho de ser atriz e praticamente qualquer outra coisa que eu quisesse fazer da minha vida.

Alguns anos depois, quando eu tinha uns 20 anos, fizemos uma viagem de esqui para Tahoe com nossas famílias. A ideia de descer a montanha sobre pranchas de madeira polida me assustava demais e a neve e o frio definitivamente não eram para mim, mas tentei deixar meu homem feliz. Então, um dia, estávamos fazendo uma caminhada quando notei que ele estava todo nervoso e afobado. Então ele tirou algo do bolso.

– Você quer se casar comigo? – ele perguntou, apresentando-me uma... caixa vazia.

Olhei para a caixa e depois de volta para o meu namorado.

– Ah, merda! – ele xingou, quando nós dois percebemos que o anel tinha caído na neve.

– Espere aí, isso é real? – perguntei quando ele começou a cavar a neve como um golden retriever ansioso.

– Havia um anel na caixa! – ele insistiu.

Eu me juntei a ele na busca e finalmente encontramos o anel. Aceitei o pedido dele... e o sentimento estranho de incerteza que brotou em mim logo em seguida.

Ficar noiva tão jovem era a norma em Dallas, assim como terminar o ensino secundário e ir para a faculdade. Segundo as regras, casar era simplesmente o que vinha em seguida. Mas você já sabe como me sinto com relação a regras.

No papel, eu tinha tudo a ver com o sr. Z-N. Mas eu sabia que, se ficasse com ele, acabaria sendo mãe e dona de casa dentro de poucos anos. O sr. Z-N queria manter o *status quo*. E não há nada de errado com o *status quo* (ou em ser mãe e dona de casa, aliás, se é o que você quer). Mas eu queria mais do que apenas um homem confiável, que me desse apoio. Se eu quisesse algo confiável e que me desse apoio, eu compraria outra droga de sutiã! O que eu queria era uma vida fabulosa e principalmente cheia de ação. Queria uma carreira de atriz numa cidade grande; queria ver o mundo e viver uma aventura fabulosa atrás da outra. Só que esse simplesmente não era o estilo do sr. Z-N.

Na noite do meu noivado, na estação de esqui, puxei minha mãe de lado.

– Não posso fazer isso – eu disse a ela, meu estômago revirando só de pensar em passar minha vida toda com o homem que a partir de então era meu noivo. – Não é isso que eu quero.

Minha mãe não ficou totalmente surpresa.

– Mas ele é um cara e tanto... – comentou ela.

Eu me imaginei deixando de lado meus sonhos e vivendo sossegada com o sr. Z-N no Texas, com um bebê e uma hipoteca, aos 23 anos.

Nos meses seguintes, comecei a fazer o que agora sei que é uma técnica de manifestação, mas eu não tinha ideia do que era na época. Parecia apenas um hábito instintivo de me concentrar nas coisas que eu esperava que se tornassem realidade. Eu queria uma vida glamorosa, então comecei a me imaginar vivendo dessa maneira, integrada a esse estilo de vida e provando ao mundo que eu podia vencer na vida, mesmo sem fazer o convencional. Na verdade, joguei fora todas as convenções e fiz as minhas próprias regras.

Eu me debruçava sobre revistas de moda, assim como fazia quando era mais jovem, e me imaginava com as roupas e os sapatos que via nas páginas. Eu ia ao shopping e experimentava peças que não podia comprar, agindo como se essa fosse a vida que eu tinha, mesmo que não fosse ainda. Até comprei uma bolsa Louis Vuitton, só para poder vê-la no meu apartamento antes de devolvê-la à loja (minha primeira lição sobre manifestação, sobre a qual falarei com mais detalhes no Capítulo 7).

As coisas estavam confortáveis com o sr. Z-N, mas ele não tinha nenhum interesse no estilo de vida que eu almejava. Nós éramos diferentes demais. E, quando digo isso, me refiro a algo bem mais profundo do que ele não querer comer sushi ou vestir uma camisa social de vez em quando. Estou me referindo a diferenças no nível da alma, nas coisas que nos motivam e nos fazem real e verdadeiramente felizes. Então, eu rompi nosso noivado. E com isso, também criei minha primeira regra para relacionamentos: **Nunca me contentar só com o que me deixa confortável.** Se uma pessoa não pode lhe oferecer as coisas que você mais almeja na vida, você precisa se afastar dela e encontrar alguém que possa.

Muitas vezes, quando as pessoas sentem aquele "clique" com o parceiro (o sentimento de que vocês se encaixam, que podem realmente ser felizes juntos), elas já começam a pensar que são almas gêmeas e que foi o "destino" que os uniu. Bem, eu não acredito nisso. Sinceramente, acho que o conceito de almas gêmeas é uma furada. Quero dizer, não é lógico (existem mais de 7,6 bilhões de pessoas neste planeta. Você está me dizendo que, se você conhecer alguém e se apaixonar... isso é tudo? Seu destino é ficar com essa pessoa para sempre? Entre todas as pessoas do planeta? Existem com certeza milhares de pessoas que gostariam de ficar com você, e você poderia se apaixonar por qualquer uma delas. Se quer saber, acho a ideia de "almas gêmeas" apenas outra história que querem nos vender, como um romance de amor vagabundo, de quinta categoria. É por isso que eu acho que você precisa de um critério melhor para avaliar se encontrou a pessoa certa. O amor é ótimo, mas não é a única coisa que faz um relacionamento funcionar. Ou, o que é mais importante, não é a única coisa que faz bem a você.

REGRA Nº 2: NUNCA SACRIFIQUE O QUE VOCÊ MAIS VALORIZA

Depois que sr. Z-N e eu terminamos o noivado, meu relacionamento seguinte foi com o sr. V, o belo estranho que entrou no meu bar e disse que queria me comprar roupas Valentino e sapatos Louboutins. Logo começamos a namorar (não porque ele tenha me levado às compras, mas porque era irresistivelmente magnético. Para começar, o sr. V era lindo: pele bronzeada, olhos azuis e cabelo loiro penteado para trás. Ele também era interessante, inteligente, sexy e sofisticado... exatamente o que eu queria ser quando crescesse. Apesar da nossa significativa diferença de idade (ele tinha 40 anos e eu 21), nós concordávamos em tudo, desde política e atualidades até as trivialidades do dia a dia. Eu estava convencida de que, com ele, eu poderia finalmente ter a minha vida ideal, repleta de aventuras, viagens e luxo.

Ele era meu *sugar daddy*? Sim. Ele era alguém com quem eu tinha uma conexão real? Sim, também. Praticamente do dia para a noite, eu consegui tudo o que desejava e manifestava quando ia ao shopping experimentar roupas que eu achava que nunca poderia comprar. Aquela primeira maratona de compras custou ao sr. V no mínimo 100 mil dólares.

Uma semana depois, ele dobrou o orçamento e me comprou um Bentley novo.

Nós nos mudamos para o condomínio chique em que ele morava em Dallas.

Viajávamos sempre que tínhamos vontade, a bordo do seu jatinho Gulfstream novo em folha, e ficávamos em hotéis cinco estrelas ao redor do mundo.

A moda sempre era um fator importante para o sr. V. Ele era obcecado por roupas e compras. Já tinha sido casado antes e tinha o hábito de gastar quantias exorbitantes com sua ex-esposa e ele mesmo na Roberto Cavalli, ganhando status VIP na boutique de Dallas.

Eu achava que Cavalli era um estilista muito chique e maduro na época, o mesmo que eu achava de Valentino. Esses eram nomes que eu via na passarela e em revistas, mas não marcas que eu pensava em ter no meu armário.

Mas isso estava prestes a mudar.

Uma noite, o sr. V usou seus privilégios VIP e fechou a boutique de Dallas. Ele convidou minha irmã e uma das minhas melhores amigas para se juntarem a mim numa experiência de compras particular. O próprio Roberto Cavalli levou para Dallas sua última coleção da Semana de Moda em Paris. Só para mim. Foi uma cena saída de um filme, porém mais exclusiva e mais exagerada. As vendedoras abriam garrafas vintage de Dom Pérignon, enquanto eu admirava uma quantidade insana de estampas de animais, penas, correntes e couro. Era a primeira vez que eu via alta-costura pessoalmente e tudo era mais requintado do que eu jamais poderia ter imaginado. As peças que mais me agradaram foram ajustadas ao meu corpo e eu as desfilei para minha irmã e minha amiga. Também tive meu momento de total deslumbre com a alta-costura, quando comecei a examinar a estrutura e a costura dos vestidos. Um vestido daqueles é realmente uma obra de arte, e eu tinha uma loja cheia deles para escolher!

Mas a vida com o sr. V não era só champanhe e alta-costura. Outro apelido que cairia bem nele é sr. Antiquado, pois, como qualquer milionário do Texas, ele só queria uma esposa que fosse dona de casa. Nada mais. E não ficava nem um pouco empolgado com o meu desejo de ser atriz. Ele me queria em casa e fazia questão de que fizéssemos tudo juntos. Era o mundo dele, eu só estava vivendo nele.

Eu vivia literalmente cercada de luxo, assim como havia manifestado ao longo de toda a minha vida. Tinha conseguido a vida fabulosa e cheia de ação que eu queria, mas não tinha um dólar no meu nome, nem cartão de crédito, nem dinheiro vivo. Se eu quisesse comprar o Starbucks, o sr. V diria: "Ótimo. Vou lá comprar com você". Se eu quisesse ir às compras, ele me levava. Eu tinha encontrado uma maneira de viver o estilo de vida que eu desejava, mas tinha perdido o que mais valorizava: a liberdade. Todos os bens materiais deste mundo, mesmo os importados de Paris, não podiam compensar isso.

No final das contas, foi o Bentley que o sr. V tinha comprado para mim uma semana depois de nos conhecermos que sentenciaria o fim do nosso relacionamento como um casal. Ele estava sempre me pedindo para não comer nada do McDonald's dentro do Bentley. (Não fique surpresa, *bitch*. Qualquer um que diga que é sofisticado demais comer no Mc Donald's está mentindo.) Eu disse ao sr. V que eu não iria comer no carro, mesmo sem ter a mínima intenção de cumprir a promessa. Eu achava que não faria nenhum mal contar uma mentirinha inofensiva seu eu limpasse toda a sujeira depois. E, além disso, qual o problema de se sujar um carro?!

Um dia eu estava no Bentley com uma amiga e no caminho para casa resolvemos passar no McDonald's (Big Mac, sem picles, batatas fritas, molho de mostarda e mel e ketchup, como sempre). Como de costume, tive o cuidado de limpar tudo depois. A não ser que uma equipe inteira de peritos forenses examinasse o carro, não havia como o sr. V descobrir que havíamos comido ali.

Mas, quando cheguei em casa, ele tinha uma expressão severa no rosto.

– Eu sei que você foi ao McDonald's – disse ele.

Foi quando percebi que algo estranho estava acontecendo.

Ele teria colocado um rastreador no carro? Teria instalado um aplicativo espião no meu celular? De alguma forma, ele sempre sabia aonde eu tinha ido. O sr. V me comprava todas aquelas coisas realmente maravilhosas, mas esperava que eu fizesse certas coisas em troca, como estar sempre como uma Barbie, para ele poder desfilar comigo como um troféu. E isso era bom, eu adorava. Mas e a minha liberdade? Isso não era negociável. Eu sabia que precisava acabar com o relacionamento, mesmo com todas as regalias que eu tinha. Porém nunca reclamei com ele do rastreador. Eu não tinha autoconfiança nem força pessoal para isso. Aquela era apenas mais uma maneira de me desculpar que eu tinha na época. Desde então, aprendi a nunca mais fazer isso. Ele não tinha o direito de ficar de olho em mim daquele jeito, nem de sacrificar minha privacidade. Aquilo era algo que nenhum dinheiro do mundo poderia comprar. No final, nossa separação foi bem consensual. Ele sabia que eu queria ser mais do que uma dona de casa.

Mas eu não via aquilo como um retrocesso. Namorar com aqueles dois homens muito diferentes tinha me mostrado que eu podia, na verdade, ter tudo. Mas, primeiro, eu precisava manter minha parte do acordo. Eu não podia apenas ficar sentada ali e esperar que algum cara perfeito pudesse me dar tudo que eu queria. Eu tinha que encontrá-lo enquanto trilhava o meu caminho. Como veremos no capítulo sobre manifestação (meu favorito e o "molho secreto" para atingir o nível máximo de Boss Bitch), uma coisa é sentar e ficar desejando que algo maravilhoso aconteça; outra história é dar aos seus sonhos uma força propulsora, por meio de suas próprias ações direcionadas. No meu caso, percebi que eu nunca encontraria meu Cavaleiro da Armadura Brilhante se não tomasse algumas medidas para salvar a mim mesma. E isso começaria com a minha mudança para Los Angeles, onde eu pretendia correr atrás do meu sonho de ser atriz.

Eu tinha apenas começado a pensar em como faria aquilo, visto que não trabalhava desde o início do meu namoro com o sr. V e não tinha como financiar a minha mudança sozinha. Mas o sr. V foi muito gentil comigo e se ofereceu para ajudar. O acordo era que eu ficaria mais um pouco no Texas, trabalhando e economizando o máximo de dinheiro que pudesse, e ele contrataria uma transportadora e enviaria meu carro para a Califórnia. Ele queria que eu tivesse sucesso na vida que eu desejava, mesmo que não fosse ao lado dele.

Resumindo, é tarefa sua garantir que a pessoa com quem você tem um relacionamento se encaixe na vida que você quer ter. Isso nos remete à mesma pergunta do Capítulo 1: o que você mais valoriza? No meu caso, era luxo, aventura e emoção, sem sacrificar minha independência. Claro, eu queria encontrar alguém que me amasse pelo que eu sou, mas me recusava a acreditar que eu teria que sacrificar meus valores pelo primeiro cara que dissesse "eu te amo". Então diversifiquei meu portfólio. Namorei mais homens até encontrar alguém que se encaixasse exatamente no molde que eu queria: alguém que não só me apoiaria em meus sonhos, mas também me ajudaria a realizá-los; que quisesse conquistar o mundo; que tivesse suas próprias aspirações para ter sucesso, e que também não se sentisse intimidado por uma mulher bem-sucedida.

Sim, às vezes eu tinha alguns contratempos, como um dos meus ex-noivos, o sr. Máfia. (Sério, pode ter certeza de que esse não é apenas um apelido fofo.) Ele era fabuloso em todos os sentidos: adorava roupas de grife, dirigia os carros mais luxuosos e tudo mais (era um pouco como o nível seguinte de *Succession*). E era realmente bom para mim também. Foi por isso que eu disse sim quando ele me pediu em casamento. Mas acabou ficando claro que ele tinha uma relação muito negativa com as drogas. Nunca era violento, mas dirigir como um louco até uma casa de materiais artísticos para comprar 572 pincéis e tintas acrílicas para pintar, e jogar xadrez até as cinco da manhã também não era exatamente o estilo de vida que eu queria. Não foi fácil testemunhá-lo indo à ruína no trabalho, com os amigos e na vida. Eu não queria ter nada a ver com aquilo, porque tinha ficado com pavor de drogas depois da minha passagem pela cadeia e também porque achava que não valia a pena me aventurar por aquele caminho, pondo em risco a minha felicidade. O cara gostava mais de cheirar cocaína do que gostava de mim, e eu merecia algo bem melhor.

Pouco a pouco, revi minhas prioridades e acrescentei qualidades que eu sabia que me ajudariam a viver melhor. Você tem que fazer exatamente a mesma coisa. Elabore uma lista das qualidades que você precisa que um cara tenha, além de dizer que quer simplesmente um "bom parceiro". Seja exigente. Intransigente. Você só tem o resto da sua vida! E, no final das contas, o cara que escolher você pode não ser a sua "alma gêmea", mas será muito sortudo.

REGRA Nº 3: SEJA SINCERA SOBRE O QUE VOCÊ QUER (PARA A SUA VIDA)

Quando conheci meu atual marido, Christian, eu estava com 29 anos e já tinha nas costas muitos relacionamentos e a impressão de que já havia passado por centenas de encontros. Eu estava pronta para sossegar o facho (ou pelo menos para a minha versão disso). Àquela altura, eu sabia que a única maneira de parar de desperdiçar meu tempo era ser o mais sincera possível sobre o que eu queria e precisava. Por isso, em nosso primeiro encontro, tivemos uma conversa séria sobre o que cada um de nós queria do futuro. Eu sabia que era uma atitude ousada, mas eu não tinha interesse nenhum em esperar seis meses para chegar à conclusão de que estava mais uma vez perdendo tempo. Eu disse a ele:

— O que ando procurando num relacionamento é o seguinte: estou em busca de algo sério e um dia quero me casar e ter filhos. Se você não quer a mesma coisa, então não vou ficar aqui desperdiçando o seu tempo e definitivamente também não quero que você desperdice o meu.

Deixei claro que eu não estava supondo que isso tudo iria acontecer com ele (afinal, caramba, aquele era só o nosso primeiro encontro!). Mas aqueles eram meus objetivos e ponto-final. Eu não abriria mão deles.

Eu sei o que você está pensando: isso é uma grande violação às Regras ou alguma outra convenção sem sentido que todos nós tivemos que engolir com nossas pastilhas de hortelã.

Mas pense aonde esse medo de fazer perguntas difíceis levou você. Quantos relacionamentos a fizeram desperdiçar o seu valioso tempo porque você não se impôs e não foi clara sobre o que queria e precisava? Ou, deixe-me adivinhar, porque demorou para se posicionar, achando que talvez um dia você passasse a querer o que ele queria? Isso é a maior piada. No meu caso, percebi que desperdicei tempo demais da minha vida adulta não revelando meus desejos e minhas necessidades porque tinha receio de assustar meus namorados.

E sabe aonde isso me levou? À porcaria de lugar nenhum. Em vez disso, percebi que uma das coisas mais valiosas que temos no mundo é o tempo. Essa é a única moeda que temos neste mundo. Por isso eu não ia mais uma vez desperdiçar meu tempo com um sujeito qualquer, que não estivesse na mesma vibe que eu. A partir do momento que tomei essa decisão, eu sempre perguntava no primeiro encontro, sem fazer rodeios: "Você quer o mesmo que eu?". Quer saber se muitos caras não me ligaram de volta? Sim. Mas eles eram as pessoas certas para mim? Não. Não precisa ser um interrogatório, você não tem que bombardeá-los com perguntas, mas precisa avaliar o interesse deles e ter certeza de que estão falando a mesma língua que você, quando se trata do tipo de relacionamento que vão ter.

Para a minha sorte (e isso é óbvio, considerando que estamos casados, felizes e temos um lindo bebê), Christian não chegou nem a piscar diante da minha total sinceridade. Ele confirmou que estava buscando o mesmo que eu, e cumpriu sua palavra.

Eu entendo que isso talvez seja um bocadinho estressante, mas depois de investir tanto tempo neste livro e se apropriar do seu poder pessoal, você vai ver (ou assim espero) que merece saber a que tipo de homem ou mulher você está prestes a dedicar seu tão valioso tempo. Se o seu parceiro em potencial quiser o mesmo que você, e ambos forem sinceros com relação a isso logo no primeiro encontro, vocês terão muito mais chance de que o relacionamento já comece bem. E se ele estiver com muito medo de ter essa conversa logo de início, imagine o que mais pode assustá-lo. É melhor saber logo de cara se a pessoa com quem você está saindo consegue lidar com uma mulher que não tem medo de expressar o que ela quer. Isso não significa que você precisa levar esse homem a sério logo no primeiro encontro, é claro. Vou falar mais sobre isso na seção sobre a Regra nº 6.

REGRA Nº 4: NUNCA, JAMAIS, FAÇA SEXO NO PRIMEIRO ENCONTRO

No meu primeiro encontro com Christian, saímos para jantar numa steakhouse (bife kobe para mim, óbvio), e eu logo pude ver que ele era um cara diferente. Em Los Angeles, a gente encontra muitos homens com um ar arrogante, como se achassem que só merecem sair com mulheres espetaculares. Você pode imaginar como isso cansa! Com Christian, eu podia dizer que ele estava agradecido por estar jantando comigo, o que por si só já era revigorante. Mas ele também estava me tratando como uma pessoa de verdade (e não apenas isso, mas também a deusa inteligente que eu sou. Ele estava ouvindo tudo o que eu dizia, o que significava que nossa conversa estava incrível. Nós rimos muito e percebi que ele estava nervoso também, o que eu achei muito fofo.

Quando o jantar acabou e a conta foi paga, nós nos despedimos... e foi só. Depois dessa noite tivemos mais uns dez encontros, aproximadamente, que terminaram do mesmo jeito. Depois de algumas semanas de namoro, Christian queria me levar para Aspen. Eu disse a ele:

– Não vou para a cama com você ainda, então é melhor que reserve um quarto só para mim. Fim da conversa.

Acabamos não indo viajar, certamente porque eu não estava a fim de satisfazer as expectativas (relativamente óbvias) dele.

Esperei três meses antes de dormir com ele. Não porque eu não estivesse muito a fim, mas porque eu sabia usar o Poder da Vagina a meu favor. Lembra quando eu disse que garotas bonitas em LA você acha em toda esquina? Sujeitos inteligentes, bem-sucedidos e de boa aparência como Christian só precisam pôr o pé fora de casa para encontrar alguma garota básica que aceite um convite para jantar e depois para dormir com ele. Sério, se você ficar em silêncio por um segundo numa noite de sábado, vai quase ouvir garotas perambulando pela cidade e saindo com o primeiro cara que passar numa Lamborghini. Mas não esta garota aqui. Eu me esforço muito na vida para dar qualquer coisa de graça. Essa minha atitude nem sempre funcionou a meu favor, mas me deu a informação exata que eu precisava sobre um cara em que eu estava interessada. Se ele não era homem suficiente para esperar, então definitivamente não era homem suficiente para mim. Christian, por outro lado, se sentiu atraído justamente por isso.

Depois que nos casamos, ele me disse que eu o deixava louco e que nenhuma mulher, antes de mim, tinha resistido tanto tempo assim. Ele estava conversando com várias garotas na época, mas o fato de eu simplesmente não concordar em dormir com ele nem responder logo que ele mandava uma mensagem (outra ótima maneira de manter um cara pensando em você) o deixava maluco. Segundo ele, isso é o que o deixou totalmente caído por mim e não querer nada com aquelas outras garotas. Isso não foi só porque ele não podia me ter na sua cama (embora eu ache que esse fato tenha pesado muito, porque os homens são só um bando de crianças cheias de testosterona), mas porque era óbvio que eu me valorizava a ponto de só fazer as coisas no meu tempo, quando parecia a hora certa para mim.

Eu nunca vou entender as mulheres que fazem sexo com um cara que elas acabaram de conhecer e depois ficam surpresas quando ele não volta a procurá-las. Eu não estou dizendo que não há tempo nem lugar para o sexo de uma noite só (veja a Regra nº 5) e eu definitivamente não sou o tipo de garota que cai matando sobre outra só porque ela quis uma noite de prazer. Eu já fiz o mesmo. Mas, convenhamos, você tem tanto a oferecer a um parceiro além de sexo... Por isso estou dizendo que vale a pena dar a ele a chance de conhecer esses outros aspectos de você antes que o relacionamento parta para o lado físico. Aqui está um ótimo exemplo: eu tenho uma amiga, vamos chamá-la de Karen, que, meu Deus do céu!, ela é uma piranha e tanto, e sabe muito bem disso. Karen morou comigo um tempo e costumava sair com os caras e depois ficar dizendo tipo:

– Eu não entendo! Chupei o cara dentro do carro/chupei dentro da hidromassagem/transei com ele no banheiro e agora ele não me procura mais!

Isso aconteceu várias e várias vezes. Então eu disse:
– Garota, é claro que ele não vai mais te procurar.

Expliquei a ela o porquê. Ela entendeu, mas depois conheceu o cara dos sonhos. Ela estava com medo de estragar tudo, porque realmente queria uma aliança no dedo. Então eu disse a ela:

– Vou dizer o que você tem que fazer...

Então ensinei a ela a mesma estratégia que estou prestes a revelar aqui. Porque, aliás, estou convencida de que vou ser terapeuta na próxima vida, porque sou a pessoa que dá os MELHORES conselhos deste mundo. Portanto, eis aqui o que você vai fazer: você não vai transar com ele. Fim de história. Você não vai nem mesmo beijá-lo no fim do encontro. Agora pode tirar esse olhar indignado do rosto. Você quer se casar com ele ou não? A minha amiga fez o que eu disse e funcionou. Eles saíram outras vezes e as coisas começaram a ficar mais sérias. Mas então o aniversário dele chegou e ela enlouqueceu. Acredite, algumas garotas pensam que a única coisa que elas têm de valor está entre as pernas. Eu não estou nem aí com essa onda de se depilar inteira e se enfeitar ali com cristais Swarovski. A vagina não é a coisa mais valiosa que você tem a oferecer.

Então eu perguntei a ela:

– Qual é o seu objetivo nesse relacionamento?

E ela disse:

– Quero me casar.

Certo, agora estávamos nos entendendo. Eu disse:

– Faça isto e eu garanto que vocês vão ficar noivos dentro de um ano: escreva um cartão para ele e diga, "Não abra isso até o nosso aniversário de 1 ano de namoro".

Ela seguiu meu conselho e, como eu disse, eles ficaram noivos.

É um excelente exemplo de tomada de decisões em sintonia com nossos objetivos. Você só quer se divertir e não levar o relacionamento a sério? Faça todo o sexo que quiser. Mas, se você quer que o relacionamento dure, então talvez seja melhor não dar mole logo de cara. Dessa maneira, você estará dando ao seu novo homem ou mulher um tempo maior para conhecê-la e valorizar o que mais lhe dá orgulho: sua mente, sua sagacidade, seu senso de humor. Sim, assim como eu, você pode sentir muito orgulho dos seus peitos e da sua bunda, mas eles não são as únicas coisas que fazem de mim uma mulher especial.

Portanto, se você vai sair com alguém e acha que esse relacionamento tem potencial, pense em mim empoleirada em seu ombro como uma fada madrinha sexy, lembrando-a da regra fundamental: nada de sexo na primeira noite! E isso é o mínimo. Se quer que o sujeito a leve a sério num relacionamento, você tem que fazê-lo esperar. Deixe-o conhecer você e apreciá-la pelo que é. Deixe-o imaginar você nua e todas as coisas que ele quer fazer com você. Deixe a imaginação dele correr solta. E, depois, deixe a louca dentro de você fazer todas aquelas loucuras que ele imaginou. Confie em mim, vai valer a pena esperar.

REGRA Nº 5: MAS TAMBÉM NÃO É VERGONHA NENHUMA TER CASOS DE UMA NOITE SÓ

Acredito piamente que, se está interessada em ter um relacionamento sério e duradouro com um homem, você não pode, em hipótese alguma, fazer sexo no primeiro encontro. Mas isso não significa que você não possa fazer sexo com alguém que tenha acabado de conhecer, desde que sua intenção seja manter as coisas exclusivamente no nível sexual, o que também é conhecido como "ficar". Nós também podemos ser criaturas sexuais e admitir que gostamos de transar, assim como os caras gostam. Você só tem de saber que, se quiser ter prazer e ainda não tiver construído uma base emocional sólida com seu parceiro, o relacionamento entre vocês muito provavelmente não vai passar da fase do sexo. Antes de eu me casar, houve muitas ocasiões em que eu não queria nada com um cara a não ser uma noite com ele. Em vez de canalizar aquela energia reprimida em encontros aleatórios, eu procurava a fonte original das trepadas de uma noite só: aplicativos como o Tinder e o Tingle. Então eu me certificava de que nós dois estávamos na mesma vibe, sabendo que aquela noite seria diversão e nada mais.

E não cometa o erro que tantas mulheres cometeram antes de você: não tente, em hipótese alguma, transformar um ficante em namorado. Há uma razão que o leva a responder às suas mensagens e não é porque você é a mulher que ele quer para ser mãe dos filhos dele. Caras que vivem felizes tendo encontros de uma noite só provavelmente querer manter as coisas apenas no nível superficial. Eles podem até dizer o contrário para não perder a mamata, mas esses caras não são nada mais do que ficantes e vão sumir do mapa antes que você tenha tempo de dizer "morar juntos".

REGRA Nº 6: NÃO TENHA PRESSA

Tirar a roupa não foi a única coisa que eu adiei ao máximo com Christian. Eu também não telefonava para ele nem enviava mensagens de texto. Sempre deixava ele me ligar ou mandar mensagem. E, quando ele fazia isso, eu dizia algo como, "Não posso me encontrar com você hoje à noite, mas ligo assim que tiver uma noite livre". Em parte, eu estava falando a verdade, pois estava realmente ocupada com o trabalho e com as filmagens de *Sunset*. Mas eu também sabia que, mostrando que não estava sempre disponível, eu deixava claro que não ia ser tão fácil assim ficar comigo. Seria preciso um pouco de persistência e persuasão da parte dele. Depois que nos casamos, Christian acabou me contando que minha estratégia tinha funcionado, porque fez com que ele quisesse se esforçar para que o relacionamento desse certo. E não só isso, fez com que ele sentisse que, se eu não saía correndo para atender às ligações dele ou marcar encontros, era provável que eu não tivesse esse costume com outros caras também. Não sei você, mas eu sempre quis que as pessoas que entram na minha vida se sentissem entrando num club privé tipo Soho House, não num Hard Rock Café, que você encontra em qualquer esquina. Eu tenho uma vida e não vou largar tudo só por causa de um cara. E eu também queria que Christian soubesse que, nos dias em que eu conseguia um tempo para ele, eu estava inteira ali. Nada é mais atraente para um homem do que uma mulher que tem sua própria vida, seus próprios hobbies e seus próprios interesses.

Fingir desinteresse é uma estratégia clássica que nunca sai de moda. Se um homem não está motivado o suficiente nem para dar um alô, então ele não é homem para mim. Preciso de alguém pronto a arregaçar as mangas para conseguir a mulher que quer, e isso é exatamente o que Christian fez. Nunca vou querer ter que convencer outra pessoa de que ela quer ficar comigo. Você não deveria querer também.

Eu sei que muitas mulheres se preocupam com a possibilidade de o cara sumir se elas demonstrarem desinteresse. Mas procure pensar assim: mostrar desinteresse para conseguir quem você quer é uma ótima maneira de testar o sujeito logo de início. Se alguém está realmente interessado em você, o fato de você bancar a difícil (ou simplesmente cuidar da sua própria vida) não vai detê-lo. E se ele se afastar? Então você fez um favor a si mesma e não desperdiçou o seu tempo. Além disso, quando as coisas ficarem difíceis (e elas vão ficar, porque não importa quantas técnicas de manifestação você possa ter, você vai continuar vivendo na vida real), não quero alguém que desapareça no segundo em que precisar fazer um pouco de esforço para manter o relacionamento.

REGRA Nº 7: TENHA A SUA PRÓPRIA CONTA BANCÁRIA

Cuidar do seu dinheiro e cuidar da sua vagina são praticamente a mesma coisa quando se trata de relacionamentos. Você tem que proteger o seu poder. E não há nada mais poderoso do que ter dinheiro na bolsa. Olha, eu quero um cara que me sustente tanto quanto qualquer garota; quer dizer, por que gastar meu dinheiro quando eu poderia gastar o dele? Eu optei por estar com alguém que já era rico. Mas aprendi da maneira mais difícil, com o sr. V, que, ao desistir da minha própria renda, eu também estava abrindo mão da minha independência.

Embora eu sempre tenha desejado um marido rico, percebi que precisava ganhar o meu próprio dinheiro primeiro. E foi exatamente o que eu fiz. Ganhei meu primeiro milhão sozinha, muito antes de conhecer o Christian. Hoje, pago com meu próprio dinheiro todas as coisas que compro. Não é que Christian não se ofereça para pagar. É que eu nunca quero ter que dizer: "Queridinho, será que você poderia me dar aquele suéter Gucci?". Eu valorizo a possibilidade de comprar algo para mim porque eu tenho dinheiro para pagar. E adoro não ter que depender de ninguém financeiramente.

Uma das minhas falas no *Sunset* se tornou icônica, quando eu disse brincando que gostava de fazer compras com o cartão de crédito do meu marido enquanto ele estava dormindo. Nessa cena, eu digo: "Alguns chamam isso de desonestidade; eu chamo de amor". Se você assistiu ao reality, aposto que se lembra dessa fala (e é exatamente por isso que eu a disse). Na verdade, Christian não se importa que eu use o cartão de crédito dele e eu não me importo que ele use o meu. Eu, na verdade, achei a fala muito engraçada. Lembre-se: eu era atriz antes de ser corretora de imóveis e sei representar um papel.

A verdade é que Christian e eu temos uma conta conjunta, mas também temos nossas contas individuais. Eu aconselho todas as mulheres casadas a fazerem o mesmo. É uma ótima maneira de manter a individualidade, a independência e também a privacidade. Eu não preciso dar satisfação a ninguém. Se eu quiser sair e comprar óculos de sol absurdamente caros (ou cinco), eu não preciso de ninguém avaliando se eu deveria ter comprado ou não. Eu não me importo se você acha isso uma frivolidade. Eu trabalho duro para ser frívola. Para mim, ter dinheiro significa poder tomar decisões.

REGRA Nº 8: FIQUE COM ALGUÉM QUE ENXERGUE TODO O SEU VALOR

Quando Christian e eu nos conhecemos, eu já tinha feito uma temporada da série e me via presa na bolha *Sunset*. Era fácil ser sugada pelo estresse causado pelo esforço de conseguir cenas-chave, imaginando como os produtores me retratariam e levando o drama muito a sério. Eu conversei com Christian sobre isso e ele me disse:

– Você está no reality, mas você não é o reality. Você é uma corretora de imóveis muito bem-sucedida, tem uma linha de maquiagem e uma coleção de calçados, e é embaixadora da marca Samsung! Você é mais do que um reality. Você não está publicando um livro incrível numa grande editora por causa do *Sunset*. Você conseguiu isso por ser quem você é.

E foi assim que eu saí daquela mentalidade limitada e deprimente. (E era evidente que minhas colegas de elenco não estavam recebendo o mesmo tipo de incentivo!)

Antes de conhecer Christian, percebi como era importante que eu reconhecesse meu próprio valor primeiro, antes de conhecer um homem... (Afinal de contas, essa é a única maneira de levar outra pessoa a reconhecer seu valor também. Eu ainda acredito disso, mas estar com Christian me fez perceber que eu não precisava ser a única em nosso relacionamento que era uma grande fã de mim mesma e de tudo que vinha como consequência. Um bom parceiro fica feliz de estar ao seu lado enquanto você realiza coisas incríveis. Um grande parceiro vai até torcer por você enquanto está na batalha. Mas um parceiro realmente incrível? Ele é alguém que vai mostrar coisas sobre você que talvez nem você mesma consiga ver por si própria.

O verdadeiro príncipe ou princesa encantada é alguém que será seu defensor mais feroz e seu espelho mais verdadeiro.

Mas, vamos esclarecer uma coisa: você não deve de modo algum esperar que essa pessoa lhe mostre quanto você é forte, talentosa, inteligente e linda. Isso você já deve saber de cor. Mas às vezes até a megera mais malvada precisa de alguém para segurar aquele espelho na frente dela e dizer: "Olhe bem para tudo o que você é". Porque todo mundo tem dias ruins, tem dúvidas e se sente inseguro. Então, quando estiver em busca do seu "felizes para sempre", certifique-se de que ele inclua alguém que olhe para você com o mesmo amor e admiração com que você olha para si mesma.

REGRA Nº 9: ESCREVA A SUA PRÓPRIA HISTÓRIA DE AMOR

Não há um jeito certo de encontrar o amor. Existe apenas a maneira que você sente que é certa e autêntica no seu caso. No meu caso, o caminho que me levou à minha história de amor perfeita foi tortuoso e cheio de altos e baixos. Eu não só tive de beijar vários sapos para encontrar o meu príncipe (e, sendo bem sincera, eu beijei muitos), como eu tinha, na minha cabeça, uma imagem do homem com quem eu queria me casar e não estava disposta a mudar. As pessoas reviram os olhos com descrença quando digo que fiquei noiva um milhão de vezes antes de conhecer Christian. Mas eu não digo isso para parecer que eu sou alguma superdiva ávida por diamantes. Pelo contrário, fui criada numa família católica e ensinada a levar o casamento muito a sério. Eu posso não ter levado para LA muito daquela educação religiosa da minha infância, mas o caráter sagrado do casamento é muitíssimo importante para mim. Mesmo que possa ser difícil recusar um cara que acabou de se ajoelhar e me pedir em casamento (e vamos ser sinceras, essa é uma situação bem desconfortável...), eu nunca iria para o altar com alguém que não fosse a pessoa certa para mim.

Eu sabia disso porque já tinha escrito minha história de amor antes mesmo de ela acontecer. Eu sabia o tipo de homem com quem queria me casar, o tipo de relacionamento que teríamos e a vida que poderíamos construir juntos. Eu sabia que queria alguém gentil e amoroso, que adorasse viajar, mas que também adorasse ficar em casa (surpreendentemente, eu conheci essa pessoa!). Eu queria alguém que tivesse as qualidades que me faltavam e que não me deixasse sempre ditar as regras. E definitivamente eu queria alguém que fosse ambicioso e bem-sucedido. Então, quando conheci Christian, eu tive certeza de que nosso relacionamento daria certo, porque eu já tinha na minha cabeça essa imagem clara do que eu desejava num homem. Falaremos mais sobre isso no Capítulo 7, mas adianto que a vantagem de saber exatamente o que você quer é que, quando a pessoa aparece, você a reconhece instantaneamente.

Já que estamos falando de amor, acho que podemos ter um pouco de sentimentalismo aqui e eu posso dar todas as informações sobre meu relacionamento com Christian. Apesar de termos ficado juntos enquanto eu estava filmando o reality e ele inclusive ter participado de algumas cenas (para não mencionar alguns artigos da revista *People*), não divulgamos muitos detalhes sobre o nosso relacionamento. Mas já que meus seguidores e fãs estão sempre me pedindo mais histórias saborosas de bastidores, acho que agora é o momento perfeito para contar um pouco sobre nós e nosso conto de fadas da vida real.

COMO VOCÊ E CHRISTIAN SE CONHECERAM?

Fomos apresentados por um amigo em comum e saímos para jantar. Mas, antes disso, eu na verdade tinha contratado os serviços de uma *matchmaker* (ou "cupido profissional"), o que durante muito tempo tive vergonha de admitir. Eu não estava exatamente orgulhosa do fato de eu, entre todas as pessoas do mundo, não conseguir conhecer um ser humano decente. Mas conhecer pessoas no dia a dia não é tão fácil quanto parece. Os únicos caras que eu estava conhecendo eram aqueles que eu encontrava em bares, e vamos ser sinceras, quem quer se casar com um "cara que vai a bares conhecer garotas"? Por isso eu resolvi experimentar a tal *matchmaker*. Mas eu ainda tive alguns encontros horríveis, inclusive com um cara que me pediu para levá-lo de Uber para casa no fim do encontro e outro que me apareceu com um urso de pelúcia gigantesco no jantar, para me dar de presente. Eu tive que me sentar e ficar olhando para aquele urso idiota durante toda a refeição, mortificada e imaginando que tipo de homem acha que uma mulher adulta quer ganhar um bicho de pelúcia, ainda mais antes de um jantar num restaurante cinco estrelas.

Quando um amigo me apresentou Christian, eu não estava muito otimista.

Fomos a uma steakhouse,[1] o meu tipo favorito de restaurante, mas só consigo me lembrar de que ele estava suando em bicas. Eu ficava pensando, "Será que esse cara cheira cocaína ou algo assim?", porque o suor pingava da testa dele. Mas no fim percebi que ele estava simplesmente nervoso. E eu achei isso muito fofo. O encontro em si foi muito bom, porque tínhamos muito que conversar. Ficou bem claro que ele tinha uma inteligência acima da média e eu gostei de saber que nós dois estávamos na mesma fase da vida. Estar na casa dos 20 anos e ter encontros em LA é meio engraçado, porque você acaba conhecendo muitos caras que já foram casados ou já têm filhos. Mas eu não estava interessada nesse tipo de homem. Eu esperava encontrar alguém como eu: uma pessoa que estivesse tão ocupada com sua carreira profissional que não tivesse muito tempo para namorar. E esse era o Christian. Então, no fim da noite, ele perguntou se poderia me levar para casa. Normalmente sou bastante reservada sobre onde moro, porque saí com alguns caras bem esquisitos, então recusei e disse que pegaria um Uber. Mas, como ele foi muito insistente e não tinha nada que lembrasse um psicopata, deixei que me levasse de carro e pedi que me deixasse na esquina. Mas mais uma vez ele insistiu em me levar até em casa (de um jeito gentil e atencioso), por isso permiti que ele me acompanhasse até a porta. Ele parecia muito feliz com

---

[1] Restaurante tipicamente americano, especializado em carnes. (N. da T.)

o nosso encontro e era revigorante conhecer alguém tão transparente. Ele não era um daqueles caras de LA que tentam parecer alguém que não são ou que ficam constantemente se gabando de quem eles conhecem ou o que fazem para ganhar a vida (algo bastante comum nessa cidade). Ele era um nerd. E se você se lembra da cena em que digo isso na primeira temporada de *Sunset*, sabe que isso era tudo que eu queria: um cara legal e meio nerd, que tivesse uma ou duas características opostas às minhas, para poder me equilibrar. A partir do nosso primeiro encontro, Christian passou a demostrar que estava sempre muito ansioso para me ver, e eu adorei isso nele. Era sempre espontâneo e falava de improviso, como no dia em que me convidou para viajar com ele. "Vamos para Aspen!", foi o que ele disse depois do nosso primeiro encontro. Eu fiquei, tipo, "Mas eu nem conheço você!". Mas achei fofo. E mesmo que a princípio eu tenha pensado, "OK, esse cara precisa de um trato", e eu tenha feito dele o meu projeto pessoal *à la Queer Eye*, dando um jeito para que ele tivesse mais estilo e insistindo para que deixasse a barba crescer um pouco para não ficar com cara de estuprador dos anos 1970, o relacionamento acabou se transformando em amor.

POR QUE RAIOS CHRISTIAN SE APOSENTOU AOS 37 ANOS?

Meu marido é a razão de hoje existirem aplicativos de entrega de comida no seu celular! Ele foi o primeiro a criar uma plataforma de entrega de comida, além de também administrar a empresa. E quando outras empresas apareceram e tentaram fazer a mesma coisa, elas não conseguiram competir com ele. A empresa de Christian também ganhou grande notoriedade por ser uma das primeiras a aceitar bitcoin, uma moeda completamente desconhecida em 2013. Na época, se você descobrisse como comprar uma, ela teria custado 88 dólares. Mas Christian foi capaz de ver o futuro dessa moeda e deixou que as pessoas a utilizassem em todos os 15 mil restaurantes da sua plataforma. Isso chamou a atenção da mídia.

Durante algum tempo, a empresa dele dominou o mercado e tinha uma grande frota de entregadores. Até que um dia o Grubhub lhe fez uma oferta irrecusável pela sua empresa, só para não ter mais que competir com ele. Algo do tipo, "Ouça, vamos pagar você apenas para que suma da praça". Christian nunca teve um único investidor, portanto, como o único proprietário da empresa, quando a vendeu ele ganhou dinheiro suficiente para se aposentar aos 37 anos.

Mas, depois que o nosso relacionamento ficou mais sério, eu o convenci de que ele ficaria entediado se ele parasse de trabalhar assim tão jovem. Então ele voltou ao seu mercado de tecnologia e hoje trabalha meio período. Por ser uma pessoa tão inteligente e curiosa, ele não ficaria feliz apenas descansando o dia todo na praia, com uma taça de champanhe na mão, sem um trabalho a que se dedicar. Não é desse jeito que ele... ou eu... queremos viver. É mais divertido ter uma vida cheia de ação!

COMO CHRISTIAN ME PEDIU EM CASAMENTO?

O modo como ele me pediu em casamento foi exatamente como eu queria que fosse. Na época, estávamos à procura de uma casa para morarmos juntos, por isso estávamos hospedados no Hotel Bel-Air. Pedimos serviço de quarto e ele me surpreendeu perguntando: "Você quer se casar comigo?", com um Club Sandwich, um refrigerante Dr Pepper e uma garrafa de champanhe. Foi perfeito. Eu não preciso de toda aquela parafernália montada por Kanye para pedir Kim Kardashian em casamento. Não preciso que fechem um estádio, nem que contratem uma orquestra, nem convidados chegando de avião para assistir. Eu só queria algo simples e significativo. Ele acertou em cheio.

COMO VOCÊS DECIDIRAM TER UM BEBÊ?

Conversamos sobre filhos em nosso primeiro encontro e essa é uma das razões pelas quais eu acho que nosso relacionamento funcionou tão bem. Desde o início, fomos muito sinceros e abertos sobre nossos objetivos. Por isso descobrimos que nós dois definitivamente estávamos na mesma vibe. Quanto ao momento em que aconteceu, eu não acho que nenhum de nós estivesse preparado para que tudo acontecesse tão rápido. Afinal de contas, eu adoro ser precavida e geralmente preciso planejar tudo até o último detalhe, mas não é exatamente assim que a natureza funciona. De qualquer forma, estou muito feliz que tudo tenha acontecido da maneira como aconteceu. Primeiramente, eu acho que é muito fácil adiar as coisas e pensar que você tem todo o tempo do mundo, mas eu já tenho 33 anos! Se tivesse esperado que tudo na minha vida estivesse "perfeito", eu provavelmente esperaria até os 75 anos para pensar em ter filhos. Mas felizmente consegui engravidar durante a quarentena de COVID-19 e ter o bebê quando o mundo já estava começando a entrar um pouco nos eixos. Eu não mudaria nada nesse plano sem planejamento!

COMO É A VIDA DE VOCÊS DOIS HOJE?

Na verdade, o nosso dia a dia é muito parecido com a história do meu pedido de casamento! Somos pessoas muito mais pacatas do que se imagina por aí. Acho que provavelmente pensam que Christian é um ricaço amante de marcas famosas *à la* sr. Valentino, mas na verdade é o contrário disso. Ele não está nem aí para marcas famosas. Eu vivo comprando roupas e sapatos para ele, mas Christian só usa as mesmas roupas simples quase todo dia. Para falar a verdade, se você o visse andando na rua, acharia que ele não tem nem um centavo no bolso. Sério. Ele simplesmente não se preocupa com coisas materiais. Mas nós dois adoramos viajar, e não apenas isso: adoramos viajar para lugares cinco estrelas, como St. Barth, Bali, Bora Bora e Maldivas. Quando não estamos viajando, somos totalmente caseiros. Nós nos sentamos à beira da piscina, nadamos, lemos livros e apenas conversamos. Mesmo antes de sermos um casal casado entediante, nós já éramos um casal casado entediante! Se pudermos passar a noite em casa, fazendo as coisas que os nerds fazem, é exatamente isso que vamos fazer.

Podemos conversar sobre qualquer coisa. Seja o dia que for, você pode nos encontrar discutindo política ou filosofia. Na verdade, não curtimos sair para jantar, então pedimos comida do Mastro's, a steakhouse fabulosa onde tivemos nosso primeiro encontro. Adoramos comer bem, mas preferimos fazer isso vestindo um roupão em casa, onde podemos ficar confortáveis. Quase todas as noites antes de ir para a cama, lemos juntos. Às vezes ele também lê em voz alta para mim, o que é realmente relaxante. Lemos todos os livros de Lauren Weisberger juntos e, ultimamente, lemos muitos livros sobre como fazer bebês dormirem. Estou muito animada para ver nosso bebê crescer e para continuar tendo a mesma conexão emocional com o meu marido! Christian já está falando sobre tudo que ele vai ensinar ao nosso filho a respeito de computadores. Nesse ritmo, nosso bebê provavelmente já vai estar invadindo os arquivos do Pentágono na pré-escola.

Eu gosto muito que Christian e eu sejamos o oposto um do outro em diversos sentidos. Eu tenho coisas fabulosas para fazer na minha vida e gosto de ter um marido que amo e com quem me relaciono num nível profundo em casa todas as noites. E eu sei que você pode ter a mesma sorte.

Capítulo 6

Fique Podre de Rica!

Ser uma Boss Bitch é tomar posse de todo o seu poder. E se existe uma coisa que dá a você mais controle do que praticamente todos os outros fatores que discutimos neste livro, essa coisa é o dinheiro. Dinheiro é poder. É a capacidade de fazer suas próprias escolhas, ir aonde quiser e quando quiser, demitir-se de um emprego que é uma droga, romper um relacionamento abusivo e cuidar de si mesma quando quiser e como quiser. Há uma razão para chamarem o dinheiro que se tem no banco de "Dinheiro do Foda-se". No minuto em que comecei a cuidar da minha vida financeira finalmente me sentei no banco do motorista da minha vida. E, garota, você sabe que, se sou eu no volante, o carro vai ficar lotado de sacolas de grife europeias. É por isso que eu quis dedicar este capítulo à moeda fria e forte que faz este mundo girar.

Se você quer ser uma Boss Bitch, tem que se sentir confortável com o dinheiro: saber economizá-lo e saber gastá-lo, conhecer o seu valor pessoal e saber como ganhar a sua própria grana. No entanto, você pode dizer, "Mas e se eu só quiser casar com um cara rico?". OK, eu entendo. Bem, vou explicar como ter um cara que a sustente, mas com responsabilidade, porque eu tenho um manual sobre esse assunto também. Mas, alerta de spoiler, você ainda assim precisa ter seu próprio dinheiro, porque nada é mais desastroso para uma Boss Bitch do que ter que implorar a um homem por qualquer coisa que seja.

As pessoas presumem que eu tenha nascido em berço de ouro. Mas pode me chamar de Iggy Azalea, porque comecei de baixo e agora estou aqui. Não cresci na mais completa pobreza, mas minha família toda tinha uma mentalidade de escassez. Minha mãe economizava para tudo. Ou ela fazia em casa nossas roupas ou comprávamos peças de segunda mão, sem falar que ela era a mestra dos cupons de desconto. Também conseguia aproveitar as sobras de comida ao longo da semana inteira. E assim como ela era a mãe que sempre dizia "não", era dessa forma também que ela encarava as pequenas indulgências da vida. Era sempre "não temos dinheiro para ir jantar", "não podemos fazer isso", "não podemos fazer aquilo". Meus pais sempre falavam sobre as coisas que eles não tinham. Se não tínhamos um cupom para uma determinada coisa, então não compraríamos essa coisa. E isso me deixava com raiva. Eu sabia que não queria ter a vida ultraconservadora dos meus pais, mas, quando se tratava de dinheiro, não se tratava apenas da escolha de um estilo de vida. O problema aqui não era não ter o suficiente porque às vezes você realmente precisa fazer escolhas difíceis para dar conta das despesas e ponto-final. Eu não ficava chateada com eles pelo fato de as nossas roupas nunca serem novas ou porque nunca saíamos de férias, embora certamente eu sonhasse com uma vida em que eu pudesse ter e fazer o que eu quisesse. Não, para mim o problema era que as opiniões que meus pais tinham sobre dinheiro eram apenas uma extensão da maneira como eles se escondiam do mundo. No meu modo de ver, dinheiro era liberdade, mas eles estavam desperdiçando cada fragmento de liberdade que eles tinham. Os dois tinham muito medo de ver que, se gastassem 30 dólares uma vez por mês numa refeição, todos nós poderíamos aproveitar um momento juntos e isso não faria tanta diferença na hora de pagar a hipoteca nem nos transformaria numa família de mendigos. Eles tinham a mentalidade antiquada de que é preciso economizar, economizar, economizar... e depois morrer. E para mim, isso não era vida. Então, assim que cresci um pouco, comecei a alimentar a ideia de que, se eu mudasse minha mentalidade sobre dinheiro, eu poderia viver com mais prosperidade.

Na época em que comecei a pensar nessas coisas, fiquei amiga de Amanda, aquela garota que mencionei alguns capítulos atrás. Ela era uma desajustada, assim como eu, então nos demos bem. E nossas mães eram amigas, por isso eu tinha permissão para sair com ela e, às vezes, em ocasiões especiais, eu dormia na casa dela. Adorava a companhia de Amanda porque, além de saber o que era ser intimidada por um bando de idiotas do ensino secundário, ela também era podre de rica. Como mencionei antes, o pai dela era o CEO da cadeia de lojas RadioShack, então aquela garota tinha tudo de bandeja. Ela era como Blair Waldorf, de *Gossip Girls*. Bem, uma vez, quando minha mãe estava no hospital, eu fiquei na casa de Amanda uma semana inteira, o que em circunstâncias normais minha família nunca permitiria. Para deixar tudo ainda melhor, nessa mesma semana o pai dela viajaria a negócios para Nova York e Amanda e a mãe planejavam ir com ele. Por algum motivo, milagrosamente, meus pais deixaram que eu fosse também.

Ficamos num hotel suntuoso, com uma grande escadaria de vidro de que eu ainda me lembro bem, porque me deixou muito impressionada. Além disso, Amanda e eu tínhamos uma suíte enorme só para nós. Ficávamos entrando e saindo de lojas de departamento como a Bergdorf Goodman, a Barneys e a Bendel's, onde a mãe de Amanda nos dizia que poderíamos pegar qualquer coisa que quiséssemos. Era uma loucura para mim na época poder levar um gloss Chanel de 37 dólares – tipo, quem pagaria tanto por um gloss? (Infelizmente, eu agora, o tempo todo.) Os pais dela conseguiram uma reserva para nós no restaurante recém-inaugurado da Britney Spears, o Nyla, e lá fomos nós, na nossa própria limusine, pela cidade. Tínhamos 16 anos, bebíamos champanhe, colocávamos a cabeça para fora do teto solar enquanto cantávamos músicas de Britney Spears a plenos pulmões, vivendo o melhor que a vida podia nos dar.

Uma coisa era ver aquele tipo de riqueza na minha cidade natal, no Texas, mas ali na agitação de Nova York, ver todas aquelas mulheres na calçada, parecendo incríveis com seus cortes de cabelo criados por Sally Hershberger e botas de crocodilo Miuccia Prada até os joelhos, abriu meus olhos para esse mercado de luxo. Eu nunca tinha experimentado esse tipo de luxo e glamour tão de perto, e aquilo era tudo que eu queria ter na vida adulta. Eu pensava, "Não sei como, e nem me importo em saber, mas um dia, vou ter tudo isso". Meus olhos estavam agora completamente abertos para o fato de que eu nunca iria chegar a lugar nenhum se continuasse presa na casa dos meus pais, fazendo minha melhor imitação de Rapunzel. E a chave para destrancar aquela porta era o dinheiro.

Naquele momento eu soube que, se eu quisesse começar a construir a vida que eu queria e sabia que merecia, eu teria que sair de casa e começar a ganhar meu próprio dinheiro. A princípio isso significava aceitar qualquer trabalho que aparecesse, no meu caso, em lugares como o Sonic e o Taco Bell. Eu procurava não ficar muito presa ao fato de que esses empregos não eram grande coisa; eles me pagavam bem o suficiente. E como eu estava morando com meus pais, podia economizar tudo que ganhava. Eu podia discordar do meu pai sobre um monte de coisas, mas sempre o respeitei porque ele é muito, muito esperto, e a principal coisa que sempre incutiu em mim foi a importância de economizar. Para ser mais específica, ele me dizia para economizar pelo menos 20 por cento do meu salário. Por isso, a cada pagamento depositado na minha conta, 20 por cento ia para a poupança e os outros 80 por cento eu gastava. Mas por mais tentador que fosse sair e gastar todo aquele dinheiro em roupas, mais importante para mim era fazer uma reserva para o dia em que eu saísse da casa dos meus pais. A única coisa que eu queria mais do que me mudar de lá era não ter que voltar com uma mão na frente e outra atrás. Eu queria provar a eles que eu não era uma fracassada. Então, mesmo enquanto tentava realizar o meu sonho de ser atriz ou modelo, eu tinha um emprego que pagava as minhas contas.

Por fim consegui um emprego num bar, que era outro sonho que eu tinha, porque sempre quis ser uma bartender como se vê nos filmes: atrevida, que não dá a mínima para nada e manda no lugar, preparando bebidas com uma mão e servindo doses de uísque, estilo Coyote Ugly, com a outra. Eu também sabia que esses profissionais ganhavam muito dinheiro. Então adulterei meu currículo (tenho mestrado nisso), menti a minha idade (porque o Texas era o Velho Oeste naquela época e os empregadores não pediam documento nenhum quando você se candidatava a um emprego) e consegui. Eu iria ganhar por hora e também teria as gorjetas. Bem, na minha primeira noite fiz cerca de 300 dólares. No Sonic, eu só ganhava isso em uma semana. Era dinheiro que não acaba mais! Mas eu trabalhava duro. Não era tipo, sentar, esperar e ganhar 20 por cento da conta do bar. Não, eu tinha que conversar com os clientes, bancar a terapeuta, diverti-los. Eu percebi que saber atuar era algo bem útil nos negócios, representar personagens e tudo mais, e isso era especialmente verdade no emprego de bartender. Quando eu vi, no meu primeiro salário, que o sacrifício valia a pena, instantaneamente caiu a ficha: eu estava no controle da minha vida.

Depois de anos sentindo que não tinha poder algum, aquele foi um dos momentos que me fez perceber que eu já era capaz de sair pelo mundo e fazer as coisas à minha moda, e essa depois se tornou a minha assinatura: Boss Bitch. E não era só isso, qualquer dinheiro que eu conseguisse ganhar era a minha passagem para qualquer lugar a que eu quisesse ir. E eu sonho alto. As pessoas me perguntam o tempo todo por que ainda trabalho mesmo sendo casada com um homem rico. É porque eu sinto uma imensa satisfação fazendo as coisas por mim mesma. Foi para isso que eu me esforcei tanto: ser capaz de trabalhar nos meus próprios termos, fazer minhas próprias coisas e saber que sempre vou poder me bancar. Além disso, ter dinheiro extra para gastar (também conhecido como créditos Sephora) também não faz mal nenhum. Tenho uma forte ética de trabalho. Isso não é algo com que eu nasci, mas que adquiri com o tempo, assim como você também pode adquirir. Eu me sinto realizada e completa quando estou fazendo algo pelo que sou apaixonada, por isso adoro trabalhar e sempre vou adorar. Mas, para mim, o principal é que existe algo de muito poderoso no fato de não precisar de um homem, só optar por ter um. Porque, por mais que eu tenha sido sagaz durante toda a minha vida ao lidar com dinheiro, eu me dei conta de que tinha o hábito de me colocar em situações nas quais eu precisava confiar em outra pessoa, e nunca mais quero me sentir assim novamente.

Pense no sr. Valentino. Minha vida com ele foi resultado direto da minha técnica de manifestação (os Louboutins, as roupas, as viagens fabulosas em jatinhos). Mas ele quis que eu largasse meu emprego no bar. No começo, hesitei um pouco. Tinha descoberto quão libertador era ganhar meu próprio dinheiro. E embora eu não estivesse ganhando milhões e me achasse uma sortuda quando ganhava 2 mil dólares por mês, ainda assim esses 2 mil por mês eram meus e de mais ninguém. Mas o sr. V era tão insistente quanto sua conta bancária era abundante, e foi ficando cada vez mais manipulador. Ele dizia coisas como, "Eu realmente gostaria de levá-la nesta viagem, mas acho que você terá que pedir para o seu patrão primeiro". Ou "Poderíamos viajar muito mais se você simplesmente pedisse demissão". Ele apelava para o meu lado que queria ser cuidada (não é o que todas nós queremos?) e eu não tinha coragem de negar isso a ele. Eu também convenientemente ignorei a bandeira vermelha de que o relacionamento provavelmente não daria certo se eu tivesse mantido aquele emprego. E mesmo que eu tivesse aquele homem lindo e morasse em sua mansão e tivesse uma vida cercada de luxo, me faltava a coisa mais importante: liberdade. De acordo com ele, minhas amigas nunca estavam à minha altura. Ele vivia repetindo que todas eram umas fracassadas, que ele não sabia por que eu saía com elas e que, sinceramente, era até embaraçoso para mim ser vista com aquele tipo de gente. Aos poucos, minhas noites com as garotas, minhas aulas de teatro, meus hobbies, meu tempo com a minha família e meus amigos desaparecem. E não foi porque eles eram "fracassados" (eles eram pessoas vibrantes e confiantes), mas porque ele simplesmente queria ser o único na minha vida. Se eu quisesse fazer ou comprar alguma coisa, ele fazia questão de ir comigo. Para ir jantar com as minhas amigas, ir ao mercado da esquina, tomar uma mera xícara de café na Starbucks, ele tinha que ir junto, porque sempre me dava um ultimato: ou eu vou ou você vai sem dinheiro. Eu tentava retrucar, dizendo que ele não podia ser minha bolsa ambulante, mas como eu pensava que precisava mais dele do que precisava da minha independência, não pressionava demais para não correr o risco de perdê-lo. Era um clássico Poder da Vagina ao contrário: eu tinha medo de pedir, por isso não recebia nada. Definitivamente, eu ainda não tinha descoberto o meu valor. Quando por fim terminei com ele, eu sabia que nunca mais me colocaria numa posição de submissão como aquela novamente.

Este capítulo é resultado de todas as lições que aprendi para conquistar, sozinha, minha independência financeira. Assim, embora eu não seja nenhuma consultora financeira, com uma maleta na mão e um título bonito acompanhando meu nome, posso dizer, sem um pingo de dúvida, que só precisei de algumas ferramentas simples e práticas para conseguir meu sucesso financeiro. A beleza dessas ferramentas é que elas estão disponíveis para qualquer pessoa, a qualquer hora, em qualquer idade, em qualquer classe social. Não importa se você tem três empregos apenas para sobreviver ou se já é uma mulher empoderada e montada da grana; as mesmas regras se aplicam e as mesmas regras vão valer a pena. Se o dinheiro é o passaporte para ter a vida que você quer, não importa que vida seja essa, a combinação de força de vontade, bom senso e propósito vai fazer você ficar podre de rica. Vamos fazer chover na sua horta, garota.

COMO ECONOMIZAR

As pessoas estão sempre me perguntando como ganhei todo esse dinheiro que eu tenho. Além de ser maníaca por trabalho, tenho que dizer que meu segredo número 1 é aprender a economizar. Eu sei que, quando você viu que este capítulo era sobre ficar rica, pensou que ia encontrar algum tipo de mapa, mostrando onde estava o pote de ouro no fim do arco-íris, mas prometo que, se você aprender a economizar, vai fazer o seu dinheiro trabalhar por você, não importa que ganhe muito ou pouco (embora eu ache que sempre temos a chance de ganhar um pouco mais... mas vamos chegar a isso daqui a pouco).

Como já mencionei, economizar uma parte do meu salário todo mês foi uma lição que aprendi com meu pai. Desde o meu primeiro emprego no Sonic, criei o hábito de reservar no mínimo 20 por cento de qualquer coisa que ganhasse. Eu sei que isso parece simples demais, mas muitas pessoas que recebem um salário de 2 mil acham que vão ter 2 mil no bolso. No entanto elas estão erradas. Porque precisam pagar aluguel, água e luz, combustível, gás, comida. Todas essas coisas divertidas. Depois vem o imposto de renda, e o que sobra depois que você pagou todas as contas... Ou se não sobrou nada, é sinal de que você está na rua da amargura.

À medida que passei a ganhar mais como modelo e atriz, e por fim como corretora de imóveis, continuei economizando 20 por cento do que eu ganhava. Às vezes guardava até mais, se estivesse com a cabeça no lugar ou economizando para um objetivo específico, como um carro novo ou um apartamento maior, mas nunca, nunca menos do que 20 por cento. Olhando em retrospectiva, acho que eu deveria ter aos poucos aumentado esse valor para 30 ou até 40 por cento e guardado ainda mais dinheiro (principalmente depois que comecei a fazer investimentos, mas falaremos sobre isso daqui a pouco). Quando você trabalha duro, porém, quer gastar um pouco desses 80 por cento consigo mesma. Sabe o que eu quero dizer? YOLO.[1] No entanto, como eu disse, esses 20 por cento são inegociáveis. Não importa o que aconteça, não deixe de guardá-los.

MÃOS NA MASSA, *BITCH*!

Algo que me ajudou a manter o controle da minha vida financeira, especialmente quando eu estava começando a ganhar dinheiro, foi anotar todos os meus gastos. Em primeiro lugar, isso é porque sou muito visual, e ver as coisas no papel parece muito mais real para mim. É por isso que eu não faço nada no

---

[1] *YOLO* é um acrônimo em inglês que significa "You Only Live Once", ou seja, "Você Só Vive Uma Vez". (N. da T.)

meu celular. Eu anoto tudo na minha agenda ou num diário. Para sua surpresa, ainda envio cheques pelo correio. Quando anoto quantias reais e específicas em dólares, posso ver os fatos frios e concretos sobre quanto eu preciso economizar e exatamente quanto dinheiro eu tenho. É muito mais difícil enganar a si mesma quando os números estão na frente do seu nariz. O exercício a seguir é a combinação perfeita de planejamento financeiro e definição de metas. E você também verá que é muito parecido com o painel visionário que vou ensinar no próximo capítulo (porque sonhar grande e manifestar esse sonho para que ele aconteça é tudo de bom!).

O que eu quero que você faça é uma lista de todas as despesas que tem que pagar todo mês. Coloque tudo no papel: o seu aluguel, o financiamento do carro, água, luz e internet, talvez mensalidades escolares. E então adicione outras despesas menores que você sabe que vai ter também, como combustível, supermercado e lavanderia. Faça uma estimativa o mais precisa possível. Se acha que isso vai ajudar, consulte os últimos dois meses de extratos do seu cartão de crédito para ver que tipo de despesa você costuma ter. Não faça simplesmente uma suposição por alto. Quanto mais precisa você for, melhor a ideia que vai ter de quanto dinheiro você realmente precisa ganhar todo mês. Acredite, sei que colocar tudo isso no papel não é a tarefa mais divertida do mundo, mas você pensou que colocar sua vida financeira em ordem seria moleza? Você não vai ter uma vida equilibrada se não arrumar a bagunça primeiro.

Agora que você tem sua lista, quero que some todos esses números. O valor resultante é o objetivo que você tem que atingir todo mês, custe o que custar. Os 20 por cento da sua renda que você está reservando todo mês vai cobrir essa quantia a princípio. Mas eis o pulo do gato: qualquer valor que reste desses 20 por cento, depois de você pagar suas despesas, não é dinheiro para você torrar. Nada disso, garota. Esse dinheiro você vai economizar ou investir. Você me ouviu? Eu não cheguei aonde estou do ponto de vista financeiro porque ganhei muito dinheiro e fiz um bom casamento. Uma grande parte do meu sucesso é resultado daquele dinheiro que economizei todo mês. Portanto, não demore para começar a fazer suas economias.

Agora, esta próxima parte é crucial: todo mês eu quero que você acompanhe seus gastos e suas economias. Eu quero que anote tudo na sua planilha de despesas, para que possa ver como aqueles 20 por cento estão sendo gastos e quanto sobra. Mês a mês, espero que você veja esse número crescer. Mas você não vai apenas se sentar e esperar que a sementinha que você está plantando se transforme numa grande árvore. Não, você vai ter que turbinar seu crescimento com um pouco de fertilizante. E sabe como vai fazer isso? Definindo um objetivo.

Sem sombra de dúvida, definir uma meta é uma das melhores maneiras de alinhar sua mente e suas ações, isso vou ensinar no próximo capítulo. Por enquanto, basta dizer que, se você souber por que está economizando, estará dando um propósito a todo esse sacrifício que está fazendo. E, embora seu objetivo possa ser, sim, um par de sapatos ou uma joia, estou incentivando você a mergulhar um pouco mais fundo. O que causaria uma grande mudança na sua vida? Dar a entrada na sua casa própria? Comprar um carro? Um notebook? Um curso que lhe daria mais chance de conseguir o emprego dos seus sonhos? Só tenha certeza de que está definindo um objetivo alcançável. Sei que eu disse para você sonhar alto, mas achar que vai conseguir comprar uma casa de dez milhões daqui a um mês é sonhar alto demais e isso só vai lhe causar frustração. E todo mês, quando analisar suas economias, pergunte a si mesma se está no caminho certo para atingir sua meta num tempo razoável. Se não estiver, você vai fazer uma destas duas coisas (ou ambas, se realmente quiser saber o que eu acho):

1. Você vai começar a poupar um pouco mais regularmente, para aumentar a sua reserva. Eu sei que nem sempre é fácil escolher entre fazer economia e ir almoçar num restaurante japonês, mas seja sincera consigo mesma: você realmente quer muito alcançar o seu objetivo? E não seria incrível se isso acontecesse no futuro próximo e não daqui a vinte anos?

2. Você vai pensar em como pode aumentar a quantia que está ganhando todo mês. Se conseguir, você encara o desafio de ganhar um pouco mais no mês seguinte e no mês que vem depois? Pode pedir ao seu chefe aquele aumento há muito esperado e que sabe que merece, mas que simplesmente não teve coragem de pedir.

Como você verá um pouco mais adiante neste capítulo, reconhecer o seu valor (e fazer questão de que os outros o reconheçam também) é uma das chaves essenciais para aumentar seu patrimônio líquido.

FAÇA INVESTIMENTOS

Eu não estou aqui para bancar o Leonardo DiCaprio em *O Lobo de Wall Street*. Não vou dizer o que você deve fazer com o seu dinheiro. Mas posso recomendar que você reserve um tempo para se informar sobre onde está guardando o dinheiro que está poupando. Porque o próximo nível de poupar é investir, ou seja, começar a fazer o seu dinheiro trabalhar por você. E, quando digo isso, estou me referindo a demonstrar um pouco mais de interesse, em vez de só ficar sentada aí, esperando pacientemente sua poupança engordar para gastá-la no seu fabuloso objetivo. Eu sei que, para algumas pessoas, só a ideia de investir já traz aquela imagem suntuosa de *O Grande Gatsby*, mas não há razão nenhuma para você largar seu dinheiro numa conta comum, que lhe rende 1 por cento de juros, quando pode ganhar muito mais, mesmo enquanto está dormindo.

Eu comecei a investir meu dinheiro quando tinha 18 anos. Abri uma conta na corretora TD Ameritrade e depois abri uma conta de investimentos. Aprendi que eu poderia depositar nessa conta todo o dinheiro que queria guardar e praticamente esquecer que ele existia, enquanto rendia juros, sem que eu tivesse que mover um dedo. E como em muitos casos não é permitido tirar o dinheiro da conta por um determinado período, isso significa que eu não ficava tentada a pôr as mãos nele e gastá-lo em algo desnecessário. Por que, por mais que eu fosse boa em economizar, ainda sou humana e, se eu tivesse mil dólares extras dando sopa na minha conta-corrente, provavelmente ele se transformaria numa nova bolsa Louis Vuitton. Essa é a vantagem de se ter uma conta de investimentos: você nunca brinca daquele joguinho de "não saber" quanto pode gastar. Está tudo lá, no seu extrato, preto no branco. Quando se trata de poupar e investir, os campeões são os fundos de investimentos indexados em ações. Mas eles vêm acompanhados de uma grande advertência: você precisa prometer a si mesma que não vai se deixar levar pelas emoções. Investir é uma ação de longo prazo e os ganhos reais acontecem quando você deixa o dinheiro lá e esquece, não se deixando afetar pelos altos e baixos do mercado financeiro. Surgirão notícias sobre a possibilidade de uma grande queda no preço das ações. Algumas dessas previsões vão se confirmar e, além disso, com certeza absoluta o valor dos seus investimentos às vezes vai diminuir. Você tem fibra suficiente para não vender suas ações durante esses tempos de queda na bolsa? Tem confiança para ignorar educadamente o conselho de pessoas que têm medo do mercado de ações?

Além disso, preste muita atenção às taxas associadas aos seus investimentos. Uma taxa anual de 2% pode não parecer muito, mas, ao longo de sua vida, torna-se uma grande soma, devido ao efeito dos juros compostos ao longo do tempo.

Se existe uma estratégia que você precisa adotar é investir uma parte da sua renda todos os meses, sejam quais forem as circunstâncias. Isso se chama "*dollar cost averaging*" (DCA, em português "média do custo em dólar") e funciona. Experimente usar uma calculadora de juros on-line. O US S&P 500 retorna consistentemente uma média de 9,7% ao ano. Essa é uma média e, portanto, inclui muitas flutuações ao longo do caminho. Ela pode, e com certeza, cairá substancialmente por curtos períodos de tempo. Mas, tão certo quanto vai cair, também vai rapidamente se recuperar e ficar mais forte do que nunca. Dê uma olhada nos gráficos para ver com os seus próprios olhos. Preste atenção ao que aconteceu após cada declínio. Agora, imagine suas economias antes de um declínio. Você consegue observar uma queda iminente sem ceder ao impulso de vender? Se consegue, pode ter certeza de que vai ganhar um bom dinheiro ao longo da vida.

Você pode se dar ao luxo de reservar 250 dólares por mês para investir num fundo indexado S&P 500 de baixo custo? Se pode, ao adotar essa estratégia, você provavelmente terá meio milhão de dólares em trinta anos.

Quando se trata de investir e guardar dinheiro, o mais importante é não investir nenhuma quantia que você não possa perder. Principalmente se estiver investindo em ações, é claro que você não vai querer ver suas economias indo para o ralo. Mas, se você tem alguns milhares que está reservando para épocas de aperto, procure seu consultor financeiro para definir seus objetivos, sua linha do tempo e quanto risco está disposta a enfrentar.

NUNCA PAGUE O PREÇO DA LOJA

No dia a dia, encontrei outras maneiras de economizar dinheiro. Eu adoro fazer compras e não é nenhum segredo que gosto de coisas caras, mas na verdade sou supercuidadosa quando gasto o meu dinheiro. Por isso, quando quero "ostentar", sempre faço isso de um jeito inteligente. E é aí que entra essa questão de nunca pagar o preço da loja. Descobri isso na época em que eu queria fazer minha primeira grande compra, depois de ganhar uma bolada com imóveis. Eu tinha a foto de um rolex Daytona ouro rosé no meu painel visionário havia anos, e finalmente tinha chegado a hora de fazer essa manifestação se tornar realidade. Como eu estava poupando além dos 20 por cento religiosamente, eu queria me recompensar com um lembrete tangível do meu sucesso. Mas eu não estava a fim de ir a uma loja e pagar 75 mil dólares por um relógio. De jeito nenhum. Eu não faço coisas idiotas quando se trata do meu dinheiro. Portanto, em vez disso, consultei um site de venda de produtos usados. Eu já estava vendendo coisas nesse site havia um tempo, porque eu tinha muitos sapatos que o sr. Valentino tinha me comprado e que não cabiam no meu apartamento, e eu sabia que havia muitas pessoas como eu, que tinham sido presenteadas com objetos realmente especiais ou talvez precisassem desocupar o guarda-roupa e por isso estavam enviando suas coisas para o site. Comecei a procurar o relógio e, como eu esperava, encontrei exatamente o mesmo modelo por 25 mil dólares, um terço do preço de um novo. E a peça estava em perfeito estado (só tinha sido da propriedade de outra pessoa). Foi emocionante, porque consegui comprar algo para mim que eu queria havia muito tempo. Eu poderia usá-lo todos os dias e nunca sairia de moda. Não era algo menos especial para mim só porque o encontrei numa loja de segunda mão. Na verdade, ele fez com que eu me sentisse muito esperta. E estava alinhada com o meu objetivo de querer continuar construindo minha riqueza, o que eu nunca seria capaz de fazer se gastasse uma fortuna cada vez que quisesse me agradar com um mimo.

Eu também gostava muito dessa ideia de comprar coisas de segunda mão porque ela me ensinava sobre ativos que se depreciam e ativos que mantêm o seu valor. Quando você está gastando o dinheiro que ganhou com seu suor, é importante observar que algumas coisas perdem seu valor, enquanto outras o mantêm. A realidade é que aqueles lindos scarpins Brian Atwood começam a perder seu valor no segundo em que você os tira da loja. Aquela pulseira Cartier Love, por outro lado, é eterna, do ponto de vista monetário. Na maioria dos casos, a menos que você esteja comprando alta-costura, suas roupas e sapatos não são compras que mantêm seu valor para sempre. Joias e diamantes, além de serem os melhores amigos de uma mulher, são investimentos.

A outra lição aqui é saber no que você realmente está gastando o seu dinheiro quando entra numa loja. Pense nos diamantes, por exemplo. Eu comecei a me interessar por eles quando o sr. Valentino me levava na Tiffany's e na Cartier e me comprava presentinhos como colares e pulseiras, enquanto eu anotava mentalmente o preço. Então eu ia a sites como o Blue Nile para estudar as pedras e aprender coisas sobre as pedras preciosas, como cor, clareza, inclusões, corte e dimensionamento. O que eu percebi é que os diamantes custam basicamente um centavo a dúzia, mas lugares como a Tiffany's os compram e os lapidam, levando-os a custar até quatro vezes o seu valor real.

Então um dia estávamos na Van Cleef & Arpels. Eu apontei um colar que me agradou e a vendedora me disse que custava 12 mil dólares. Doze mil dólares por alguns diamantes microscópicos e um toque de madrepérola?! Fiquei atônita. Eu não podia acreditar que as pessoas pagavam tanto por uma pedra que não saía do chão com o carimbo "Harry Winston". Seus diamantes não são mais especiais por causa da marca que dão a eles. Você está apenas pagando mais por eles porque não conhece o ramo da joalheria... ainda. Eu adoro quando vejo as garotas exibindo seus anéis e dizendo: "São 4 quilates!". Bem, adivinhe só, *bitch*, você poderia ter o dobro pelo mesmo preço, se o seu *sugar daddy* tivesse feito uma pesquisa. Meu amigo que trabalha no comércio de diamantes percebeu minha apreensão em gastar tanto com uma pedra. Seu conselho para mim foi: sempre compre de um revendedor de diamantes certificado pelo Gemological Institute of America (GIA). E por atacado ou em sites de revenda confiáveis, como o RealReal ou 1stDibs. Nunca compre no varejo. Além disso, compre os diamantes da melhor qualidade que puder. Isso porque nem todos os diamantes se formam da mesma maneira. Estude o padrão de classificação criado pela GIA, os quatro Cs: *carat* (quilate), *color* (cor), *clarity* (pureza) e *cut* (lapidação), porque cada um desses atributos afeta o valor da pedra. Foi surpreendente ouvi-lo dizer que o tamanho do diamante é menos importante do que a cor e a pureza, quando se trata de determinar seu valor. Isso mesmo, meus amores, maior nem sempre significa melhor. Mas é claro que existem aqueles diamantes enormes e fabulosos com cor e pureza perfeitas e que são uma raridade. E esses você nunca vende. Você coleciona!

Agora que você já pensa em economizar, pense também em como pode passar a comprar de forma mais inteligente. Visite sites que vendem artigos usados, como o RealReal, em vez de comprar diretamente da loja. Eu sei o quão divertido pode ser sair da Barneys com todas aquelas sacolas, na sua melhor versão Julia Roberts na Rodeo Drive, mas você não está pagando apenas por aquele blazer, calça ou vestido quando faz isso. Você está pagando o *markup*[2] da venda por atacado, o *markup* da marca ou do nome do estilista, o *markup* do nome da loja e, ainda, o imposto (8,25 por cento aqui na Califórnia). Eu não sei quanto a você, querida, mas trabalho muito para torrar o meu dinheiro desse jeito. (Prefiro guardar os galões de gasolina para incendiar a casa de um ex.)

COMO GASTAR

Como cresci vendo meus pais vivendo à base de restrições e sacrifícios, eu sabia que queria encontrar uma forma de me

---

[2] Índice aplicado sobre o custo de um produto ou de um serviço para estipular o preço de venda. Ele é composto pelas despesas variáveis e pela margem de lucro estimada e multiplicado pelo preço de custo. (N. da T.)

relacionar de um jeito diferente com o dinheiro. Eu tinha entendido perfeitamente a parte de fazer economia, mas e o resto? Qual era o sentido de trabalhar feito louca se eu não podia aproveitar os frutos do meu trabalho? Se eu não valorizasse o que o dinheiro podia fazer por mim ou a felicidade que ele podia me trazer, então para que eu estava trabalhando? Eu não estava a fim de sair por aí distribuindo o meu dinheiro ganho a duras penas, porque o que estava em jogo era importante demais (eu tinha que ganhá-lo eu mesma de qualquer maneira), mas, como eu disse, eu queria uma vida com um pouco mais de... você sabe, glamour.

A primeira coisa que precisei fazer foi treinar meu cérebro para acreditar que eu podia comprar coisas e que não havia problema em gastar dinheiro. Eu não sabia disso na época, mas esse foi um dos primeiros exercícios de manifestações que eu fiz: quanto mais eu acreditava que podia gastar, mais dinheiro eu ganhava para cobrir as despesas. Pode parecer um pensamento simplista, mas é um exercício e incentivo muito poderoso. Porque quanto mais eu gostava de gastar dinheiro, mais motivação eu tinha para ganhar mais.

A primeira vez que experimentei isso foi numa época em que estava trabalhando como modelo, fazendo principalmente trabalhos chatos para catálogos. Mas eu conseguia ganhar 1.500 dólares por dia, o que para mim era muito dinheiro. Como assim, mais de mil dólares só para tirar fotos e me divertir? Para mim, isso era como as b-a-n-a-n-a-s de Gwen Stefani. Eu guardava meus 20 por cento de sempre e a comissão do meu agente, mas ainda tinha todo aquele dinheiro que sobrava. Ficava tentada a colocar tudo na poupança porque não havia nada que eu precisasse de verdade, mas minha imaginação começou a ter ideias sobre o que eu poderia comprar com aquele dinheiro. E não era esse o meu objetivo? Ganhar dinheiro para poder comprar o que eu realmente gostava? No começo, pensei em comprar roupas novas, mas eu sempre as usava uma vez e as devolvia (outro truque que utilizei ao longo da vida, especialmente quando ia a encontros ou filmava a primeira temporada do reality, mas você não ouviu isso de mim!). Então pensei em comprar produtos de beleza, pois eu tinha verdadeiro fascínio por eles desde os tempos da pré-adolescência, quando comecei a roubar delineadores nas farmácias. (Truque que aprendi na vida: nos Estados Unidos, a Sephora tem uma política de devolução incrível e até aceita devoluções de maquiagens usadas das quais você simplesmente "não gostou". Portanto, PLIM! Dinheiro de volta.) Então decidi ir à luxuosa loja de departamentos Nordstrom e fui de balcão em balcão: La Prairie, Chanel, YSL. Acabei comprando alguns produtos novos e batons vermelhos (os quais parece que eu nunca tenho o suficiente). Como eu estava comprando produtos de qualidade, que eu realmente amava, não apenas fiquei felicíssima, como também senti que estava investindo em mim mesma. Eu não estava preocupada com o preço, porque sabia que podia pagar, e isso me deixou ainda mais empolgada para ganhar mais dinheiro no mês seguinte e poder fazer tudo de novo. Com o tempo, eu também comecei a aprender como eu queria gastar o meu dinheiro. Eu preferia coisas que podia usar várias vezes, como sapatos e bolsas, em vez de torrar aqueles 80 por cento num amontoado de compras fúteis e descartáveis.

MÃOS NA MASSA, *BITCH*!

Da próxima vez que você receber seu pagamento, abra sua planilha mais uma vez e faça o seu exercício regular de poupança. Deixe de lado aqueles 20 por cento e o valor de quaisquer outras despesas que precise pagar. Alerta para novatas: não se esqueça de contabilizar também o dinheiro que você vai precisar para pagar os impostos. O que sobrar é para você se divertir. Esse é o seu "Treat yo Self"[3] bem ao estilo da série *Parks and Recreation*. Pergunte a si mesma o que você poderia adquirir que seria significativo e duradouro, em vez de comprar algo por impulso de que nem vai se lembrar depois de uma semana. Pense em objetos, serviços ou experiências que fariam você se sentir realmente recompensada por todo o trabalho que teve para ganhar aquele dinheiro. No meu caso, sempre valorizei meu ritual de beleza extenso e caprichado, na hora de dormir. Além da minha fronha de seda e da máscara nos olhos (nunca consegui viver sem ela), não há nada mais luxuoso do que me lambuzar de cremes e loções caríssimas, numa rotina de nove passos que é um total exagero. Todas as noites, quando fazia isso, eu ia para a cama me sentindo podre de rica. E me sentia como uma moradora do Upper East Side

---

[3] Na série *Parks and Recreation*, trata-se de um dia que os protagonistas celebram anualmente, satisfazendo suas vontades, comprando itens de luxo como perfumes, massagens, peças de couro e roupas caras. (N. da T.)

chamada Caroline, que vinha de uma família rica, passava o verão numa praia particular e usava diamantes quando tomava banho de mar. Pequenas coisas assim treinavam meu cérebro para me fazer acreditar que eu era milionária. Gaste seu dinheiro em coisas que fazem você se sentir assim.

Também é bom dizer que nem todo mês você precisa fazer uma maratona de compras, e não recomendo que gaste até o último centavo desses 80 por cento. Não quero desanimar ninguém, mas todo mundo sabe que merdas acontecem. Se todo mês você acaba com uma boa quantia sobrando na conta e sai por aí procurando um jeito de gastá-la, considere a possibilidade de aumentar a quantia que poupa por mês. Ela poderia chegar a 30 por cento? A 40? Depois, faça um *upgrade* no objetivo que você quer alcançar com as suas economias, para deixar tudo ainda mais divertido.

COMO NEGOCIAR

Os imóveis só valem o que alguém está disposto a pagar. Assim como no mercado imobiliário, lembre-se de que tudo na vida é passível de negociação. Sempre me lembrarei do meu primeiro negócio como corretora de móveis. Eu tinha feito um *open house* e conhecido uma estilista que dirigia uma grande empresa de moda, e eu estava muito ansiosa para conhecê-la, porque já tinha alguns dos seus vestidos. Ela estava procurando um corretor de imóveis e disse:

– Você me parece sofisticada e inteligente. Me ajudaria a encontrar uma casa?

Mesmo que eu fosse inexperiente e estivesse apenas começando a me familiarizar com a minha nova profissão, eu disse a ela que ficaria feliz em ajudá-la. Ela não fazia ideia de que eu era nova no mercado de imóveis, porque eu fingia tanto, que estava até com cãibra na boca de tanto sorrir (Regra de Negócios nº 2 da Boss Bitch) e agia como se eu fizesse aquilo havia anos. Além disso, eu sabia que ia me dar muito bem. Mas o que me pegou desprevenida foi toda a mentira que ouvi quando tentei negociar com os outros corretores. Não era nenhum segredo que uma das casas já estava à venda havia mais de 132 dias ou estava com problema na documentação, e ainda assim nenhum daqueles outros corretores me disse nada. Ou quando minha cliente finalmente encontrou uma casa que adorou e o corretor do proprietário ligou e disse:

– Só estou ligando para avisar que chegou uma oferta ontem à noite que cobriu o preço pedido pelo proprietário, e em dinheiro.

Mas que merda! Sabíamos que aquela casa estava à venda havia muito tempo e que eles estavam blefando, mas a minha cliente surtou porque, no final das contas, ela realmente queria a casa. Então eu disse a ela:

– Preciso que você confie em mim. Isso não é verdade. Não vamos cobrir a oferta porque eles estão blefando.

Eu sabia o que aquela casa significava para a minha cliente, mas eu também não ia deixar aquele corretor levar a melhor sobre nós. Ele precisava vender a casa mais do que nós precisávamos comprá-la. Eu também sabia que, se houvesse outra oferta, o que obviamente ainda não era verdade, poderíamos subir um pouco mais a nossa ou pedir condições mais favoráveis, como fechar em quatorze ou sete dias sem contingências. Porque eu sabia o que estava falando. O corretor, claro, me ligou alguns dias depois, dizendo:

– Ah, meu Deus, aquela oferta maluca que recebemos, blá blá blá...

Eu disse a ele:

– Não brinque comigo. Sei que vocês nunca receberam oferta nenhuma. E, se vamos fazer negócios, a regra número um é que você não minta para mim.

Ele ficou chocado ao me ver falando daquele jeito, mas me mantive firme porque eu estava certa e ele sabia disso. Eu também tinha todas as cartas na mão. Estava em posição de vantagem. Como eu disse em *Sunset*, eu supero o mestre do xadrez Bobby Fischer em qualquer situação. Estou sempre pensando oito passos à frente.

Seja nos negócios ou na vida, saber qual é o seu poder de fogo faz toda a diferença. Depois que você sabe o valor que tem e o que pode oferecer (e até que ponto é mais do que qualquer outra pessoa pode oferecer numa determinada situação), fica muito mais fácil conseguir o que você quer. Isso vale para um aumento de salário, um preço melhor num carro, um preço melhor numa casa ou melhores termos num contrato. Por isso eu recomendo que você reserve um minutinho para se preparar antes de uma negociação, anotando num papel a proposta que pretende fazer. Diga: "É nisso que eu me destaco; aqui está o que eu posso oferecer; estes são meus pontos fortes; esses são meus diferenciais". Dessa maneira você não se deixará persuadir a tomar outro curso de ação nem vai vacilar. Também é importante reservar esse tempo para descobrir o que essa outra pessoa precisa, de modo a já estar preparada e ciente das maneiras pelas quais ela pode pressioná-la. Talvez aquele vendedor de carros precise preencher uma cota de vendas até o fim do mês. Ou você sabe que sua empresa não pode perder outro membro da equipe.

Eu recomendo que você também esteja preparada para ir embora se uma situação não lhe proporcionar aquilo que você quer e merece. Se você realmente está ciente do seu valor, saberá quando uma oferta não vai favorecê-la. E será exatamente esse o seu poder de fogo: você vai estar preparada para desistir se não for levar vantagem. Mesmo que pareça estranho, estar disposta a não aceitar um acordo é na verdade uma posição muito poderosa numa negociação. Porque, se você está preparada para sair de mãos vazias, vai se sentir empoderada para pedir tudo o que quer. E acima de tudo, confie nos seus instintos. Se algo não lhe parecer certo, pode apostar que provavelmente não está mesmo.

COMO AGARRAR SEU *SUGAR DADDY*

Não podemos falar sobre a busca por dinheiro sem abordar uma das formas mais antigas de investimento que as mulheres fazem em seu futuro: o *sugar daddy*.[4] Porém, é importante

---

[4] O termo *"sugar daddy"* surgiu em 1908, com o casamento de Adolph Spreckles, de 51 anos, herdeiro de uma fábrica de açúcar, com a jovem, Alma de Bretteville, de 27 anos, que o chamava pelo termo (cuja tradução em português significa

ressaltar que, quando eu falo sobre *sugar daddy* aqui é com a plena convicção de que uma sugar mommy é igualmente benéfica para o resultado final. Não importa qual sabor você prefira, não posso negar que o relacionamento certo pode ser a diversidade perfeita para o seu portfólio. E não há absolutamente nada de errado nisso. Quero dizer, vamos ser sinceras, existem algumas garotas que amam um homem ou uma mulher com dinheiro no banco. Quem pode culpá-las? Existe algo de realmente sexy num homem ou mulher com determinação e competência nos negócios; alguém que saiba o que quer e que vá atrás dos seus sonhos; alguém que ainda vive pelo código de cavalaria e vê como seu dever cuidar da mulher com quem está. Isso é chamado de "Energia do Pau Grande" por algum motivo! Um dos meus primeiros relacionamentos sérios, com o sr. Valentino, foi uma grande experiência com um *sugar daddy*. Ele gostava de andar na companhia de uma linda mulher e eu aprendi grandes lições de vida com um homem mais velho, ao mesmo tempo que era deliciosamente mimada. Mas, por mais que amássemos a companhia um do outro e vivêssemos um relacionamento do tipo Bonnie e Clyde moderno (sem os roubos a banco), minha vida não era apenas Bentleys e Bottega. O dinheiro dele, que foi inicialmente a cereja do bolo num relacionamento com um homem maravilhoso, tornou-se mais como uma arma que ele usava para me controlar.

"papai de açúcar"), desde então, os americanos o adotaram para designar um homem maduro, rico e bem-sucedido que se relaciona com mulheres jovens e atraentes e lhes patrocinam um estilo de vida de luxo. (N. da T.)

Como eu era jovem e ingênua, coloquei meu poder nas mãos do sr. V até que o relacionamento ficou completamente desequilibrado. Por medo de perdê-lo, deixei-o me convencer a sair do meu trabalho e me tornei completamente dependente dele. Como resultado, também desisti de uma parte de mim mesma. É por isso que quero transmitir esta pérola de sabedoria: se quer um *sugar daddy*, você precisa fazer isso com responsabilidade. E você faz isso com responsabilidade seguindo esta regra de ouro: **Gaste o dinheiro dele, mas ganhe o seu.**

Aceite todos os presentes, vá em todas as viagens; foda-se, deixe que ele pague seu aluguel, mas não abandone, em hipótese alguma, aquele emprego que faz você ter dinheiro na carteira toda semana. Não importa se você vai deixar aquela posição corporativa como HBIC para vender pulseirinhas da amizade para suas amigas ricas em seu tempo livre ou se vai reduzir seus turnos de período integral para trabalhar só duas vezes por semana. Não importa o que você vai fazer, contanto que possa ganhar dinheiro suficiente para cobrir pelo menos algumas de suas despesas. Não há um número mágico aqui em termos de quanto você precisa ganhar; você saberá que é o ponto ideal quando não precisar mendigar por uma mesada sempre que quiser tomar um café com uma amiga. Manter pelo menos um pouco de independência fará maravilhas não só pela sua autoestima, mas também pelo seu relacionamento. Essa será a sua maneira de dizer que sua liberdade e seu tempo não são negociáveis e esse tipo de "inatingibilidade" (principalmente para um homem ou mulher que acredita que tudo tem um preço) é extremamente atraente. Ou seja, é o Poder da Vagina, garota!

Quanto a quem acha que pode criticar seu relacionamento com um *sugar daddy*, não dê ouvidos. Todos os relacionamentos são baseados em qualidades que você acha atraentes em alguém, seja a aparência, a personalidade ou algum outro fator que desperte o seu interesse. Então não há razão para que o dinheiro não seja um deles. Ninguém pensa duas vezes quando você namora um cara feio que tem um grande senso de humor! Então, se as chaves do Mercedes Benz são a sua linguagem do amor, vá em frente! Basta lembrar que, enquanto roupas, sapatos e passeios de jatinho podem ser comprados, você não pode. Nunca deixe que o dinheiro patrocine coisas que a deixariam infeliz ou desconfortável, e definitivamente nunca deixe que mudem quem você é. Eles são chamados de "papai de açúcar" por uma razão: supostamente são para tornar a vida mais doce.

Capítulo 7

Manifeste o seu Destino

Sempre me considerei uma *bruja* dos tempos modernos. Sempre tive "poderes" que eu nunca consegui explicar. Era como se minha obsessão por Sarah Jessica Parker do filme *Abracadabra* estivesse começando a preparar o tema da minha vida. Não, sério, eu sempre fui capaz de fazer o impossível acontecer, e você também pode. Eu imaginava a vida que eu queria, mesmo quando ela era radicalmente diferente da vida que eu tinha e, acabei conseguindo torná-la realidade. Na infância e na adolescência, eu nunca tive roupas novas, muito menos roupas de marca. Eu morava numa casa simples e modesta, num bairro simples e modesto, e vivia cercada por pessoas que trabalhavam das nove às cinco, estilo Dolly Parton, num emprego que só deixavam ao se aposentar. Mas eu sempre soube que queria mais. Enquanto outras pessoas da minha idade estavam obcecadas com seus pequenos dramas escolares e vivendo em seu mundinho insignificante do ensino secundário, eu vivia ansiosa por algo maior, mais ousado, com mais brilho e mais glamour. Desde que comecei a sonhar em ser atriz em Hollywood, eu adotei uma dieta diária de filmes estrelados pelas mulheres mais maravilhosas de todos os tempos: Marilyn, Audrey e Elizabeth. Elas sempre entravam nos lugares com o cabelo perfeitamente penteado, a maquiagem irretocável, cobertas de diamantes e vestidas de pele e seda. Elas não apenas andavam. Elas deslizavam, desfilavam e flutuavam em casas opulentas ou restaurantes chiques, com taças de champanhe pousadas confortavelmente nas mãos recém-manicuradas. Os homens ficavam indefesos diante desse tipo ultrapotente de Poder da Vagina. Eu queria ter esse poder. E alerta de spoiler: isso aconteceu.

Muito antes de Rhonda Byrne lançar *O Segredo*, eu já estava percebendo minha própria magia e atraindo coisas para minha própria vida. Isso me fez perceber que, se eu visualizasse e acreditasse, atrairia o que desejava. Ou seja, eu manifestaria. Você pode pensar que tudo isso é um pouco fantasioso demais, mas eu "devorava" essa crença como a lagosta e o caviar que eu sempre costumava pedir em todo primeiro encontro. Porque a coisa funciona. Sabe aquele iate que mostrei no primeiro capítulo? A imagem dele estava bem no meio do meu painel visionário no ano anterior. Minha capa da *Vogue*? A mesma coisa. Sem falar nas viagens fabulosas que fiz a lugares como México, Bora Bora e Fiji; passeios regulares num jatinho particular; e um casamento de contos de fadas com um homem incrível.

Eu nunca vou me esquecer de uma das primeiras coisas que manifestei: uma bolsa Louis Vuitton. Eu sempre gostei de coisas caras e não havia nada que eu quisesse mais do que uma bolsa de couro cor de manteiga, com aquele logotipo inconfundível. Quando fiz 18 anos, decidi que tinha de ter uma. Mas trabalhando como bartender, eu não estava nem perto de poder pagá-la. Naquela época eu tinha cerca de 2 mil dólares no meu nome (por coincidência o valor exato que a bolsa custava), mas eu precisava daquele dinheiro para pagar coisas mais essenciais como o aluguel e os hambúrgueres de 99 centavos que eu almoçava todo dia. Mas você sabe o que eu fiz? Fui à loja Louis Vuitton assim mesmo.

Eu achava que, se não podia comprar a bolsa, pelo menos poderia "pegá-la emprestada". Meu plano era comprar a bolsa, levá-la para fazer um test drive e depois devolvê-la. Eu só queria ver o que sentiria se tivesse uma, só para ter o gostinho da vida com todo aquele luxo. Eu levei a bolsa para casa e a coloquei no meu armário e depois sobre a bancada da cozinha. Olhei para ela durante cada segundo que me foi possível durante aqueles quatorze dias que eu tinha antes de precisar devolvê-la. Eu não sabia disso na época, mas já estava dando passos poderosos rumo à manifestação, imaginando o que eu queria ter e agindo como se isso já fosse realidade. Quando acabou o período de duas semanas com a "minha" bolsa, levei-a de volta para a loja. Para meu horror, o vendedor mal-intencionado disse que havia uma mancha de água nela e que não a aceitaria de volta nem devolveria o dinheiro. Não havia mancha de água. Ele estava querendo me ferrar porque sabia que eu tinha comprado sem nenhuma intenção de ficar com ela. Ele se recusou a fazer o estorno. Como eu tinha apenas 18 anos, não vi alternativa a não ser pegar a bolsa e sair da loja. Voltei para o meu Ford Focus, coloquei a bolsa ao meu lado, no banco do passageiro, e entrei em pânico. O aluguel estava vencido e eu tinha contas para pagar. Minha conta bancária estava apenas com dois dígitos. Eu sempre fui sagaz com dinheiro, sabendo o que podia e não podia pagar. Pela primeira vez, eu tinha me dado mal. Muito mal. O que eu ia fazer agora?

O trabalho no bar estava indo devagar, como sempre. Havia alguns frequentadores que se sentavam e se confidenciavam comigo: problemas com a esposa, problemas com as mulheres em geral, falta de problema com as mulheres, o de sempre. Por mais patético que fosse, eu gostava da companhia deles. Ajudava o tempo a passar. Embora aquele mês eu tivesse passado todas as noites deprimida, perturbada e bêbada. Eu bebia uma dose atrás da outra, apenas para conseguir terminar meus turnos, sabendo que o final do mês estava chegando e seria apenas uma questão de dias antes que houvesse um aviso de despejo pregado na minha porta. Todo o meu bairro ficaria sabendo quanto a minha vida era patética.

Uma noite, enquanto eu servia outra rodada de Lemon Drops e Coors Light, as portas do bar se abriram e revelaram um grupo ruidoso, espalhafatoso e várias doses já acima do normal. Música para meus ouvidos (e para a minha carteira).

"Like a Prayer" de Madonna começou a tocar na minha cabeça, como se essas pessoas estivessem ali para me salvar dos meus pecados financeiros. Bêbados que gostam de torrar dinheiro por aí são o sonho de todo bartender, e o meu estava prestes a se tornar realidade. O grupo pediu cerveja Cristal e conhaque Louis XIII, depois charutos cubanos, seguidos de mais charutos cubanos. Eles festejaram durante horas, enquanto eu tentava calcular mentalmente quanto conseguiria de gorjeta. Achei que seria pelo menos algumas centenas de dólares, em vista dos pedidos dispendiosos que estavam mandando goela abaixo como água e bafejando em forma de fumaça. Não seria suficiente para cobrir o aluguel, mas achei que talvez pudesse fazer um acordo com o meu senhorio. Quando chegou a hora da última rodada, entreguei a alguém do grupo a conta, ele a devolveu para mim e meu queixo caiu. Aquele homem me deu uma gorjeta de 2 mil dólares. Exatamente o que eu precisava para cobrir a bolsa. Eu nunca tinha recebido uma gorjeta tão alta assim na vida. Nunca tinha chegado nem perto. Mas naquela noite em particular, eu acreditei (como ainda acredito) que consegui aquela bolsa graças a uma combinação de práticas de manifestação e trabalho árduo. E se funcionou com uma bolsa, o que mais eu poderia manifestar?

Anos atrás, Jason Oppenheim e eu conseguimos um imóvel fabuloso e uma cliente mais fabulosa ainda. Crystal Hefner, a última esposa de Hugh, era a proprietária desde o falecimento dele em 2017. Aquele era o último imóvel que ele comprara. Dava para imaginar Crystal na propriedade, tomando sol numa boia com nada além de um minúsculo biquíni de lacinho, longos cabelos loiros caindo em cascata do seu rabo de cavalo e roçando na água, um copo de Whispering Angel na mão. Mas não se engane: essa não é a imagem de uma aproveitadora em busca de ouro. Crystal era, na verdade, a Boss Bitch em pessoa. Ela estava alugando a propriedade enquanto morava numa casa muito mais modesta e economizando o dinheiro do aluguel. (Espero que pelo menos 20 por cento, conforme recomenda meu Guia CQ para Ficar Podre de Rica.)

E a casa era deslumbrante. Janelas de vidro do chão ao teto, em torno de um edifício moderno, que de humilde não tinha nada. Eu precisava que ela fosse minha. Mas como? Na época, eu mal estava conseguindo pagar o aluguel. Fazia malabarismos com um punhado de clientes, mas, mesmo assim, ainda não havia fechado nenhum negócio. No setor imobiliário, o maior equívoco é achar que nos pagam um salário. Não, não se ganha um centavo a menos que se produza. E apesar de eu trabalhar como louca e me empenhar ao máximo, eu ainda não tinha vendido uma casa. Eu havia até refreado meu ego e começado a comercializar imóveis de aluguel, mas isso só tinha gerado um (minúsculo e gotejante) fluxo de renda. Então, naquele momento, comprar aquela casa era um sonho quase tão longínquo quanto vendê-la (algo que eu estava determinada a conseguir).

Por meses a fio, eu me postei naquela propriedade todo domingo e toda terça-feira, aguardando visitas em *open houses*, desde uma até as quatro da tarde. Mas, em vez de ficar andando de um lado para o outro, pensando em quanto tempo aquela venda ia demorar para acontecer e em quanto tempo estava tomando da minha agenda, decidi aproveitar as horas em que ficava ali. Eu fazia de conta que aquela casa era minha. Peguei-a para mim. Cada minuto que eu ficava sentada ali, eu me imaginava vivendo naqueles cômodos. Me enrodilhava no sofá e praticamente via meu ainda inexistente marido sem camisa, descendo as escadas apressado, com uma xícara de café na mão. Lembro-me de rodopiar pelo closet e pensar: Como vou conseguir guardar todos os meus sapatos aqui? Para uma casa de mais de 2 mil metros quadrados, um closet daquele tamanho era um verdadeiro insulto. Seria uma das primeiras coisas que eu reformaria antes de me mudar. E eu pensava nas mudanças que faria no piso, que eu planejaria com meu arquiteto, enquanto almoçávamos uma salada no La Scala. Eu usava o quarto para atender telefonemas e mandar e-mails, assim como faria se aquele quarto fosse meu. Na minha cabeça, ele podia muito bem ser.

Toda vez que fechava a porta no fim do dia e saía da propriedade, eu verificava a caixa de correio de Crystal e deixava a correspondência sobre o balcão. Mas ver o nome dela nos envelopes na cozinha da casa que eu queria para mim era muito chocante para a imagem mental que eu estava tentando criar. Por isso, um dia, antes de mostrar a casa para alguns clientes, decidi levar minha própria correspondência para a propriedade de Crystal, pensando em trabalhar um pouco lá e pagar algumas contas. Então, *boom*, eu tive meu primeiro momento heureca: aquela era a peça que faltava! Eu estava fazendo tudo o que podia para manifestar a casa, mas, enquanto só ficasse sentada lá dentro, fingindo, eu estava, na melhor das hipóteses, fazendo o papel de penetra numa festa ou de *stalker*, na pior. Se eu quisesse realmente manifestar aquela casa, teria que colocar o meu "carimbo" nela de alguma forma, convencendo de fato meu cérebro a acreditar que era ali que eu morava. Por mais simples que pareça esse gesto, comecei a deixar a minha própria correspondência no balcão. Eu era a única pessoa que ia e vinha regularmente, então não iria incomodar ninguém, e eu apenas tiraria tudo antes das exposições. Mas, quando eu entrava para começar o dia, largava as minhas chaves ao lado da minha pilha de contas e edições da *Harper's*, *Us Weekly* e *Vogue*. Lar Doce Lar! Eu continuei essa rotina por meses até que finalmente expirou o prazo em contrato para vendermos o imóvel. Apesar de todos os nossos esforços para vendê-lo, o preço era simplesmente alto demais. Era o fim da minha fantasia imobiliária... ou assim pensei.

Corte para 2019. Christian (meu noivo na época) e eu estávamos assistindo à partida anual de polo no gelo no Badrutt's Palace Hotel, na Suíça. Sem uma casa própria na época, ficávamos vagando pelo mundo. Alternávamos entre hotéis e apartamento de dois quartos em Beverly Hills, enquanto esperávamos por algo que chamasse nossa atenção no mercado imobiliário. Como você pode imaginar, depois de todos aqueles anos vendendo algumas das casas mais lindas de Los Angeles, e eu, bem, sendo como sou, não me contentava com nada que não fosse perfeito. Estávamos voando de volta para os Estados Unidos quando recebi um alerta no meu celular sobre a chegada de um e-mail avisando que havia uma nova propriedade para visitarmos. Eu tinha criado uma autonotificação para casas que estivessem dentro dos nossos critérios e essa estava em destaque. Uma casa moderna, com paredes de vidro e uma garagem com espaço suficiente para dez carros (algo notável, porque em LA é raro encontrar uma garagem, quanto mais para mais de um ou dois carros). E o preço era uma verdadeira pechincha. Eu sabia que tínhamos que vê-la logo que o avião pousasse.

Andando até a casa grogue de sono e sofrendo com a mudança no fuso horário, fui aos tropeços até a porta da frente e meu queixo caiu. Era exatamente a mesma casa em que eu tinha ficado por meses a fio, tentando vendê-la e desejando que ela fosse minha. Eu não tinha notado ao ver o anúncio porque a decoração estava muito diferente. Mas, dentro dela agora, era inconfundível. Tudo o que eu tinha visualizado tão intensamente por anos podia se tornar realidade.

Mas eu não sou apenas sortuda, nem acho que consegui tudo isso num passe de mágica. E definitivamente não estou sugerindo que você fique o dia todo no seu apartamento desejando ter um milhão de dólares, até que um dia ele chegue pelo correio. A manifestação é muito mais do que simplesmente querer alguma coisa. Você precisa trabalhar duro, tem que suar a camisa para ganhá-lo. Eu não tinha simplesmente um desejo bobo de ter a casa dos meus sonhos. Eu me sentei por dias a fio naquela casa, em *open houses* ingratos e sem ganhar um centavo de comissão. Fiz escolhas na vida alinhadas com aquele desejo e que um dia me colocariam na posição perfeita para que ele se tornasse realidade, fosse ganhando meu próprio dinheiro como corretora de imóveis ou conhecendo o homem dos meus sonhos, que atendia a todos os meus critérios: que fosse gentil, solidário, brilhante e bem--sucedido por mérito próprio. Eu também estava escrevendo um diário, fazendo painéis visionários e evoluindo na prática da gratidão (todas as técnicas de que falarei posteriormente neste capítulo), e tudo isso ajudou a sintonizar a minha frequência com a frequência do universo.

A manifestação, ou a prática de cultivar pensamentos grandiosos, inspiradores e cravejados de diamantes, com o objetivo de torná-los realidade, é como o coquetel perfeito: tem simplesmente o equilíbrio certo entre escolher o sonho mais correto (ou seja, corajoso e OUSADO) e mais específico possível, com uma generosa dose de entusiasmo e um toque de magia. E, se não acredita que isso seja possível para você, então pode pular esta parte e seguir para o próximo capítulo ou, melhor ainda, desistir deste livro enquanto é tempo, porque esse tipo de atitude pequena e covarde só vai manifestar coisas pequenas e ruins. E eu não quero ter nada a ver com isso.

Eu entendo, no entanto, se você estiver se sentindo um pouco cética. Isso é natural. Mas eu não inventei essa coisa toda. A manifestação tem fundamento até mesmo para a Ciência. De acordo com a pesquisa conduzida pela dra. Carol Dweck, uma professora de Psicologia da Universidade Stanford, conhecida por seu trabalho sobre mentalidades, a decisão de acreditar que você pode fazer alguma coisa torna mais provável que você seja bem-sucedida ao fazê-la. Ela afirma que nossas crenças sobre o que podemos alcançar e em que ter sucesso (o que ela chama de "mentalidade de crescimento") podem, de fato, determinar se conseguiremos ou não realizar nossos desejos. A principal razão para isso é que, quanto mais verdadeira, profunda e sincera é a nossa crença de que podemos alcançar algo, mais nos dispomos a nos empenhar para alcançar isso. Essa é uma história muito diferente de outros tipos de manifestação em que as pessoas dizem que a crença por si só já basta. Essa pesquisa também mostra que o que esperamos que aconteça tende a se confirmar, ou se torna o que chamamos de "profecia autorrealizável". Já ouviu falar? Basicamente, isso significa que, se você espera que algo aconteça, seja bom ou ruim, é bem provável que o resultado seja o que você esperava. Pode me chamar de louca quanto quiser, mas pessoas muito mais brilhantes do que eu descobriram, com seus estudos, que isso é verdade. Mas chega de conversa e mãos à obra.

O que a maioria das pessoas não sabe sobre mim é que, se estou ao lado de alguém e essa pessoa é alguém com quem me importo, eu serei quem mais a apoiará e torcerá por ela. E adoro dar conselhos (por isso escrevi este livro!) e sou muito boa nisso. É o meu lado libriano; sou a rocha na qual você pode confiar e buscar orientação. É por isso que eu amo tanto este capítulo, porque ele é a minha primeira recomendação quando as pessoas me procuram, querendo saber como eu consegui esta vida incrível. Sem sombra de dúvida, foi por meio da manifestação. Não seria correto que este fosse o primeiro capítulo do livro, devido a todo o trabalho preparatório e a montagem do cenário mental necessários, mas ele é definitivamente o mais importante. Pois é agora que você vai realmente começar a ver seus sonhos se tornando realidade. Confie no processo, entregue-o ao Universo e vamos fazer você chegar lá.

Há uma série de exercícios que eu adoro e fazem parte da minha prática de manifestação: o registro num diário, o painel visionário, visualizações, gratidão e ação. Daqui a um instante vamos detalhar o que cada um faz e o que eles requerem, mas primeiro você tem que aprender os fundamentos básicos que estão por trás da manifestação. Você precisa entender, profundamente e sem um segundo de hesitação, o que faz a mágica funcionar. Como eu já disse, agora não é hora para dúvidas e pensamentos limitados, pois isso só lhe trará mais do mesmo em sua vida. Essa é a última parada antes de mergulharmos e convocarmos todas as riquezas que você merece, então faça sua escolha: você está disposta a seguir em frente ou não?

Cada um dos métodos de manifestação descritos neste capítulo tem três coisas em comum: você deve ser suuuper clara sobre o que quer, tem que saber por que isso é importante na sua vida e precisa sentir esse desejo tão intensamente dentro de si que é capaz até mesmo de ver, ouvir, saborear e sentir esse sonho sempre que fecha os olhos. Agora você vai ver qual é o método por trás da minha loucura. Eu não sou apenas uma maluca; há uma razão por que eu fiz você passar por todos estes capítulos e ir conhecendo a si mesma, vendo os resultados que você quer, provando do sangue na água como um tubarão faminto. Pense nisso como a cerimônia de encerramento do acampamento de escoteiros, quando você recebe as suas fabulosas insígnias. Minha bebê querida já está crescidinha e vivendo a vida que quer e merece! Agora saia pelo mundo e deixe esta mamãe aqui muito orgulhosa.

Aqui está o que você precisa fazer primeiro e depois aplique isso em qualquer método de manifestação que preferir:

1. **Seja muito específica.** O que estou querendo dizer é que você precisa visualizar até o último cristal Swarovski naquele vestido rosa-bebê que você está usando na estreia do seu primeiro longa-metragem em Cannes. O Universo não vai satisfazer suas lamúrias indecisas. Em vez disso, guie o Universo com intenção e senso de direção sólidos. Eu entendo que você possa se sentir como se estivesse apenas se perdendo em devaneios, inventando sonhos mirabolantes, mas você nem sempre se sentiu assim. Lembre-se de quando era criança: nada parecia impossível quando você estava brincando de faz de conta. Você não pensava que queria ser uma sereia e depois refletia, "Ah, mas acho que isso nunca vai acontecer...". Você seria uma maníaca-depressiva aos 4 anos se pensasse assim. Não, você se jogou naquela banheira com seu rabo roxo iridescente, sutiã de concha e cabelo de Ariel, sabendo em seu coraçãozinho que você era uma sereia incrível e que a vida ficava bem melhor com um

pouco de fantasia. Depois você aprendeu a ficar apreensiva quando chegou à idade adulta. Repetiram várias e várias vezes para você que não pensasse em realizar seus sonhos, mas em realizar coisas mais palpáveis, como aquilo que esperavam de você: um diploma, um emprego, um casamento, alguns filhos. Mas e se você continuasse desejando ser uma sereia? Você podia não viver embaixo d'água, mas não acha que a sua vida teria mais brilho e magia? Seu trabalho agora é voltar para aquela mentalidade de criança, que acredita que tudo é possível e, em seguida, vê-la de todos os ângulos, assim como uma criança se sentaria para desenhar seus sonhos de princesa, bombeiro ou super-herói. Porque, para sua sorte, você pode trazer essa magia de volta quando quiser.

2. **Atenha-se ao que é importante.** Sim, sim, sim, mais dinheiro, mais objetos, mais amor, mais paixão. Todos nós queremos tudo. O que diferencia a manifestação de apenas mais um desejo é a razão por que aquilo importa para você. E esse objetivo específico tornaria sua vida melhor? O que faz com que ele seja significativo em sua vida em particular? Pense em como você usaria esse dinheiro. Gostaria de pagar seu financiamento estudantil? Viajaria pelo mundo e usaria essas experiências para se lançar na carreira de escritora? Seria seu dinheiro do foda-se, mostrando a qualquer pessoa em sua vida que tenha lhe dito que você

não chegaria a lugar nenhum que ela não passa de uma babaca? Se você encontrasse a pessoa dos seus sonhos, o que isso significaria na sua vida? Cada dia seria um pouco mais bonito porque você poderia compartilhar as coisas que a fazem feliz com outra pessoa? Ou se você finalmente conseguir aquela casa ou apartamento com que sonhava, quanto isso vai impulsioná-la na vida? Isso significaria que poderia dar festas para as pessoas que você ama e celebrar quanto elas são importantes para você? Gostaria de oferecer uma vida melhor para sua família?

Eu quero que você realmente vá fundo aqui. O Universo sabe quando você está manifestando algo significativo e especial em vez de estabelecer um objetivo raso. Quero dizer, você sabe que eu sou uma *material girl*, mas todas as coisas grandes e brilhantes que manifestei em minha vida foram para poder construir um mundo exterior que correspondesse ao meu mundo interior. E como discutimos agora, quanto mais você vive a sua verdade, mais vibrante, mais generosa, mais amorosa você pode ser. Irradiando esse tipo de energia e intenção para o mundo, você vibra numa frequência positiva que se espalha por toda parte. Portanto, não pense, ao praticar a manifestação você só está fazendo os seus próprios sonhos se tornarem realidade. Pense nisso como tornar o mundo um lugar melhor. Se você estiver sendo sincera, o Universo responderá.

Eu também quero que você use esta etapa do processo para realmente se conectar com o objetivo que mais beneficie você. É realmente o que você quer? Ou é o que outra pessoa quer para você? Ou é o que você acha que deveria querer? Será que isso vai fazê-la se sentir feliz e realizada? O Universo tende a manifestar com mais facilidade coisas em que você acredita e com que tem associações positivas.

3. **Seja visual.** Fizeram um estudo incrível sobre visualização com atletas olímpicos para saber como o ato de imaginar podia afetar resultados reais. Durante vários dias, esses corredores de elite percorreram diariamente a pista para praticar, fazendo o mesmo circuito repetidas vezes, voltas e mais voltas. Em seguida, os pesquisadores os levaram para um laboratório e os conectaram a um aparelho de ressonância magnética, pedindo que corressem na pista mentalmente, como se estivessem fazendo isso na vida real. Então eles se sentaram lá e imaginaram tudo, como se estivessem realmente na pista. Correram assim como tinham feito milhares de vezes. Em seguida, voltaram de fato para a pista, ainda ligados ao aparelho, para que pudessem realmente correr. E você sabe o que aconteceu? As ressonâncias mostraram que o cérebro não sabia diferenciar quando os atletas estavam correndo de verdade ou apenas correndo mentalmente. Isso mostra como as visualizações são poderosas. É a prova

literal de que você pode programar a sua mente para conseguir algo. E, quando isso acontece, está colocando um plano poderoso em movimento.

Quanto mais claramente você puder ver sua nova bolsa/carro/emprego/parceiro/corpo/vida com seu olho da mente, mais imediata é a sua conexão emocional com aquilo e mais intensamente você vai trazer, do âmago da sua alma, essa carga emocional para a manifestação. Esse tipo de confiança e convicção é o que vai anunciar para o Universo em alto e bom som: conceda-me este desejo!

É por isso que ter clareza sobre seus objetivos é o primeiro passo do processo de manifestação. Você não pode visualizar algo nos mínimos detalhes se não souber exatamente o que quer. Quando você começar a apresentar seus objetivos de manifestação para seu cérebro, eles devem estar tão completamente formados quanto possível. Como eu disse, até a última sarda no ombro do homem dos seus sonhos, o papel timbrado do emprego dos seus sonhos, os puxadores do gabinete da cozinha dos seus sonhos e a cor da areia da praia dos seus sonhos.

MÉTODO DE MANIFESTAÇÃO Nº 1: O DIÁRIO

Quando a maioria das pessoas pensa em fazer um diário, se imagina colocando o pijama, bebericando uma taça de vinho e despejando no papel os acontecimentos do dia. "Querido

Diário, hoje tomei banho, tomei café da manhã, fui para o trabalho, pedi o almoço no escritório, mandei uma mensagem para aquele cara bonito que conheci no último sábado e assisti a toda a primeira temporada de *FBoy Island*." Ah, que lindo. Mas, também, que tédio! Se essa é você, então está com 5 anos de idade agora e precisamos de você com 10. Esse diário não é apenas para anotar o que aconteceu em sua vida, é para anotar o que vai acontecer na sua vida.

Sempre mantive um diário, mas a certa altura da vida percebi duas coisas: eu passava a maior parte do tempo reclamando das coisas de que eu não gostava (principalmente das vacas do escritório, para ser sincera) ou apenas repetindo os eventos do dia. Eu vivia minha vida, anotava tudo e pronto. Mas não havia nenhuma intenção por trás disso.

Não havia nada que mudasse o ciclo ou movesse a agulha. Eu era apenas mais do mesmo, na melhor das hipóteses, ou mais negatividade, na pior. Então, alguns anos atrás, comecei a tomar nota do que eu tinha feito durante o dia e depois acrescentar algumas coisas que eu queria que tivessem acontecido, ao lado do que realmente estava acontecendo na minha vida. Eu apenas colocava essas pequenas mentiras inofensivas entre as verdades para que se misturassem perfeitamente. Por exemplo, quando eu quis manifestar a capa da *Vogue*: eu disse algo como "Hoje eu saí para tomar o meu habitual matcha latte de macadâmia (verdade), então encontrei meu consultor de estilo para planejarmos os novos figurinos da minha próxima viagem a Amalfi (verdade.) Estou tão animada para levar o meu bebê em sua primeira viagem à Europa! (Também verdade). Então (ah, meu Deus!), recebi uma ligação com um convite para eu ser a capa da *Vogue*! Eu mal posso acreditar que o meu sonho finalmente vai se tornar realidade!" (mentirinha inofensiva). E seis meses atrás isso realmente aconteceu. Capa da *Vogue*?! Ninguém entende isso, é impossível! Mas foi um objetivo pessoal que eu vivi nas minhas práticas de manifestação mais de uma vez. Ou talvez eu diga algo como "Passei a manhã abraçada com meu bebê antes de me levantar para fazer uma intensa sessão de yoga com meu treinador. Eu terminei bem a tempo de receber uma ligação do meu editor, que queria me avisar que meu livro tinha oficialmente entrado na lista dos best-sellers do *New York Times*. Então eu dei algumas entrevistas antes de tirar a tarde livre para um almoço relaxante com amigas". Viu o que eu fiz aí? Desde que eu soube que meu próximo objetivo era ser autora de um livro (ignore isso. O que eu quis dizer foi "uma autora best-seller do *New York Times*"), tenho trabalhado nisso em meu diário.

Com o tempo, isso exerce um efeito poderoso sobre o seu cérebro e, por fim, deixa sua marca. Esse exercício está criando afirmações para a sua mente, que não sabe a diferença entre o que você está escrevendo no papel e a realidade que você está vivendo. Até que chega um dia em que essa linha divisória entre o real e o irreal vai ficando cada vez mais tênue. Como seu cérebro está completamente absorto com essa versão nova e melhorada de si mesma, você começa de fato a viver sua vida como se essas coisas fossem reais. Esse é o molho secreto para começar a criar mudanças incríveis na sua vida.

Então eu quero que você dedique pelo menos cinco minutos por dia ao seu diário. Compre um diário que seja bonito e pareça especial. Escolha um que seja uma delícia abrir e preencher com anotações, que fique na sua mesinha de cabeceira e pareça digno de conter seus desejos mais profundos e urgentes. Esse diário é um portal mágico para criar o futuro dos seus sonhos, e não sei se aquele caderno que você usou para cálculo no ensino secundário vai oferecer o tipo de pó mágico que estamos procurando. Compre uma caneta também, daquelas bem bonitas, com uma tinta aveludada como seda. Então trate de praticar esse exercício como se fosse sagrado. Escreva no seu diário, TODA NOITE. Ou pela manhã. Tanto faz. Mas você tem que fazer isso todos os dias. No início, pode parecer estranho escrever sobre coisas que não aconteceram realmente, mas você ficará surpresa com a rapidez com que isso começará a parecer natural. Se você escolheu esses elementos com sabedoria, eles devem parecer que fazem parte da vida maravilhosa para a qual você está destinada. Porque você está! Mantenha essa prática por pelo menos 21 dias, que é o tempo que leva para formar um hábito. Depois disso, ela vai parecer uma parte integrante do seu dia, como escovar os dentes ou sua rotina diária de cuidados com a pele.

MÉTODO DE MANIFESTAÇÃO Nº 2: PAINEL VISIONÁRIO

Como muitas das minhas práticas de manifestação, eu não sabia de fato que essa era uma dessas práticas e que tinha um nome específico até aderir a ela. Para mim, era só uma maneira de fazer uma espécie de checklist, uma colagem de todas as coisas que eu queria alcançar, de um jeito que ficassem ainda mais reais, porque todos os dias eu poderia olhar para algo concreto, não apenas para imagens na minha cabeça. Eu tinha todos aqueles sonhos sobre o que eu queria para a minha vida, os lugares incríveis a que eu queria ir, itens de moda com todo aquele luxo extra... e tudo mais. Então, quando eu via as imagens exatas dessas coisas em revistas ou na internet, eu as recortava ou imprimia e fixava-as num painel. Havia a foto de uma suíte cuja diária era 40 mil dólares, num hotel da praia do Cabo; de um voo de primeira classe na Lufthansa, em que serviam champanhe e caviar gelado; um Rolls Royce preto que eu queria muito, até mesmo o Rolex Daytona que eu estava cobiçando. Eu era realmente específica. Então guardei o painel no meu armário um dia, principalmente porque, mais uma vez, eu não tinha ideia de que estava enviando algum tipo de sinal para o Universo (assim como os morcegos) e não pensei mais nisso por dois ou três anos. Achei o painel no armário um dia, olhei para aquela coisa e, acredite se quiser, tudo que estava lá havia se tornado realidade. Na época em que fiz o painel visionário, cada uma dessas coisas era completamente inatingível, até risível. Mas meu marido dirigia exatamente o mesmo carro que estava no painel. Eu tinha aquele Rolex. Eu tinha visitado aqueles lugares nas férias (mas com o cara errado, infelizmente, porque eu não tinha sido específica o suficiente!).

Mas, repito, não acredito que isso se deva a algum tipo de magia. Eu realmente acredito que tenha ficado tão insanamente específica que meu cérebro começou a enviar ao meu corpo algum tipo de direção, como se eu realmente tivesse mudado a minha programação. Então eu saí por aí e fiz as coisas acontecerem. É como se uma das bruxas de *Da Magia à Sedução* e a protagonista de *Uma Secretária de Futuro* tivessem um bebê (uma mistura encantadora de pura desorganização com muita força de vontade).

Com o tempo, ajustei meu processo para combinar o painel visionário com o diário, já que eles são uma dupla de poder de manifestação que atua em conjunto. Mesmo sendo uma pessoa tão visual, acho que escrever para tornar as coisas mais reais é um método poderoso também. Então eu faria um painel, mas também escreveria coisas com uma caneta hidrocor de ponta grossa, como "Estou tão agradecida por meu marido ser tão incrível. Ele é tão engraçado, tão leal, ele é tão isso e tão aquilo, e tem a seguinte aparência...". Ou "Sou tão grata por esta casa que eu amo. São quatro quartos, cinco banheiros e fica à beira-mar!". Mesmo que sejam apenas algumas pequenas frases que declaram o que você está procurando, isso ajuda a não deixar nada aberto à interpretação. Porque, como sabemos, o Universo é uma criatura muito literal e pode ser um pouquinho temperamental...

Outra versão com a qual gosto de brincar é o painel visionário que incorpora minha agenda e meus planos reais que estão em andamento. Eu uso um painel composto de três cartolinas e rotulo cada seção com o nome de um mês que virá (junho, julho, agosto, por exemplo). Então vou anotando as coisas importantes que vão acontecer naqueles meses, com uma lista de objetivos para cada um. Por exemplo, escrevo ali sobre a minha capa para a revista *Grazia*, vou fazer uma linha do tempo para uma campanha dos meus produtos de maquiagem que estão sendo divulgados na mídia e uma sessão de fotos para a capa do meu livro. Todas essas coisas são reais e estão acontecendo, então meu cérebro já está fazendo o planejamento. Eu aproveito esse impulso para mirar um pouco mais alto e colocar alguns itens na minha lista de desejos. Por exemplo, eu poderia escrever "entrevistar diretores de criação para uma coleção de roupas", "reunião de brainstorming para o meu programa de TV" ou "viagem de pesquisa a Marrocos". Alguns desses itens são viáveis, enquanto outros são como tiros nas estrelas. Mas eu anoto tudo. E se algo não acontecer naquele mês específico, então passo o objetivo para o mês seguinte. Essa é uma maneira incrível de fracionar algumas metas mais audaciosas em segmentos mais fáceis de alcançar e mantê-los em perspectiva, para que você possa chegar exatamente aonde quer. Enquanto isso, seu cérebro vai se acostumando a ver os objetivos que você alcançou, ao lado das metas que ainda tem que atingir, porque, como sabemos agora, seu cérebro é uma máquina poderosíssima, que pode ver passado, presente e futuro ao mesmo tempo.

Ou, se você prefere ficar mais focada numa área específica da sua vida, você pode fazer uma versão "mini" do painel visionário, só para uma determinada manifestação. Um ótimo exemplo disso é a ocasião em que usei um minipainel para atrair dinheiro. Quando comecei no mercado imobiliário, recebi um cheque de 8 mil dólares por um negócio que fiz.

Peguei uma caneta hidrocor e escrevi por cima, e ele se tornou um novo cheque para Christine Quinn no valor de 100 mil dólares, do Grupo Oppenheim (somente para propósitos de visualização). Eu coloquei o cheque numa prateleira do meu armário e olhava para ele todo dia. Isso parece ridículo? Sim. Um cheque de 100 mil dólares? Essa era uma quantia insana de dinheiro para uma corretora iniciante (ainda é uma quantia insana!). Mas como você sabe, eu sonho grande. E mantive aquele cheque bem na minha linha de visão, enquanto trabalhava duro no meu trabalho. Depois de cerca de um ano, quando finalmente consegui meu primeiro anúncio, vendi o imóvel e algumas semanas depois recebi um cheque do Grupo Oppenheim. De 93 mil dólares. Bem perto do que eu queria, não acha? Eu vejo esse cheque de vez em quando e apenas choro. Lágrimas de felicidade, lágrimas de alegria, lágrimas de quem sabe que, pela primeira vez, tem o controle da própria vida nas mãos.

Não há uma maneira certa de se fazer um painel visionário. Faça do jeito que parecer mais natural para você. Se está apenas começando, faça um painel mais tradicional, com cartolina, cola em bastão e alguns recortes de revistas. Com o tempo, aprimore seu estilo e sinta o que lhe parece mais poderoso.

Antes de começar, reserve um minuto para visualizar com nitidez o que você quer trazer para a sua vida. Pense em todas as grandes áreas da sua vida: viagens, vida amorosa, família e carreira. Em seguida, comece a procurar imagens em revistas, na internet etc. O Google pode ser seu melhor amigo nessa tarefa.

Mas, repito, você precisa ser específica na sua visão geral. Quando incluí no meu painel uma foto de um casal de noivos, colei o meu próprio rosto sobre o de uma modelo usando um vestido de noiva (não ia deixar outra piranha pegar o meu homem!). Não se contente com alguma versão genérica da sua vida, pois isso vai totalmente contra o seu propósito.

Não importa como você vai criar o seu painel, o importante é que você contemple muitas vezes ao dia a sua obra-prima. Assim como no diário, quanto mais você pratica e mais se convence de que está olhando para o seu futuro numa bola de cristal, mais provável é que todos os seus sonhos se tornem realidade.

MÉTODO DE MANIFESTAÇÃO Nº 3: VISUALIZAÇÃO

Anos atrás, aprendi o exercício a seguir e acho que é um ótimo ponto de partida se você é nova na prática da manifestação. Ele também é muito útil se você tiver dificuldade para ficar parada, como eu, já que é uma prática mais rápida do que uma meditação e envolve a imaginação ativa, sem exigir que você limpe a sua mente dos pensamentos. (Pois é, nunca fui muito boa em limpar a mente. Sou alguém que precisa de uma lista de afazeres mental.) A visualização, ou a prática de imaginar seus objetivos como se estivesse assistindo-os acontecer na vida real, é semelhante ao diário ou ao painel visionário (sem querer parecer um disco quebrado): seja específica, busque coisas significativas e, em seguida, dê aos seus objetivos o tipo de visual que sintonize seu cérebro e o seu corpo.

Eu adoro usar a visualização logo ao acordar, quando ainda estou deitada na cama, ou pouco antes de adormecer. Como já estou relaxada e deitada na cama, tudo que preciso fazer é fechar os olhos e entrar na zona de manifestação. Eu usava muito essa técnica quando estava deixando para trás a minha carreira de atriz, mas ainda queria encontrar uma maneira de aparecer na TV (alguns atores até se referem a isso como método de interpretação), e eu definitivamente usei-a para manifestar minha capa da *Vogue*. Eu me imaginava na capa, escrevendo sobre ela nas mídias sociais, até mesmo recebendo uma cópia da revista pelo correio e exibindo-a na frente do espelho. Experimente fazer este exercício com os seus próprios sonhos e desejos. Você vai ver o impulso que toma sua manifestação, depois que você entrar completamente no seu corpo e na frequência vibracional de invocação do Universo.

Comece se deitando num local confortável (a sua cama, o terraço da sua vila italiana, o convés do seu iate, o de sempre). Você vai percorrer mentalmente todo o seu corpo, sentindo cada parte dele (cabeça, barriga, braços, mãos, pernas, pés) por tempo suficiente para levar a sua atenção a cada uma delas. Não há maneira errada de se fazer isso, portanto, se você sentir uma inquietação da cabeça aos pés, tudo bem. Isso vai ficar mais fácil à medida que você pratica. Seja paciente consigo mesma.

    A ideia é tirar você da cabeça e fazê-la entrar no seu corpo, por tempo suficiente para que você se sinta realmente ancorada nele, que é o que vai deixar a sua mente aguçadíssima. Você pode prolongar essa parte do processo pelo tempo que quiser e concentrar sua atenção em dezenas de partezinhas do seu corpo ou, se estiver com pouco tempo e quiser partir logo para seus afazeres diários, se atenha às partes mais importantes.

Primeiro, leve a sua atenção até o topo da cabeça. O que sente agora? Muitos pensamentos? Silêncio? Calma? Ansiedade? Não julgue, somente observe.

Em seguida, desça para o espaço entre as sobrancelhas. Esse local está tenso? Relaxado? Precisa de uma aplicação de botox? (Brincadeirinha!)

Agora sinta seus olhos. Eles estão rolando atrás das pálpebras? Voltados para a esquerda? Para a direita? Estão pesados e sonolentos?

Sinta sua respiração. Sua barriga está subindo e descendo? Ou você só está respirando com a parte superior do peito? Suas respirações são rápidas e superficiais ou longas e profundas?

Agora, concentre-se nos seus dedos. Eles estão se movendo? Ou estão parados? Em que parte do seu corpo estão pousados?

Como estão as suas pernas? Estão pesadas? Agitadas?

E os seus pés?

Depois de terminar essa varredura corporal, é hora de começar a ajustar seus desejos e o que você quer manifestar. Se ainda estiver se sentindo inquieta, um truque que eu gosto de usar quando estou com a mente agitada é me imaginar subindo uma longa escadaria. A aparência dessa escada é você quem decide. Visualize-se subindo cem degraus e contando cada passo mentalmente, enquanto faz isso. Isso ajudará a acalmar a sua mente, afastando-a dos acontecimentos do dia e inibindo pensamentos inúteis ou que causem ansiedade. Continue contando seus passos até chegar ao topo da escada, depois do centésimo degrau. É agora que a visualização começa. Faça o que fizer, não comece a praticar a manifestação antes de chegar ao centésimo degrau e sentir a cabeça mais desanuviada. Então é hora de deixar a mente divagar. Pense nisso como um filme que você apresenta a si mesma, na sua tela mental. Observe-se já vivenciando aquilo que deseja manifestar: embarcando naquele avião, encontrando seu assento, voando sobre as montanhas, até descer naquela fabulosa estação de esqui. Veja as roupas que você está tirando da mala: os suéteres de cashmere macios, as botas de esqui Chanel e todo o traje completo para esquiar. Ou talvez você esteja entrando na empresa, no primeiro dia do seu novo emprego, vendo o seu escritório, a voz da sua assistente falando ao telefone.

Uma alternativa é usar esta técnica de visualização mais simples, que pode ser muito útil quando você se encontra numa situação negativa da qual quer sair. Digamos que você queira deixar o seu emprego, relacionamento ou qualquer outra situação em que se sinta estagnada. Você pode até usar essa técnica se quiser simplesmente se livrar de um pensamento negativo que não sai da sua cabeça, como uma dúvida sobre a sua própria capacidade, vibrações ruins a respeito de uma pessoa ou preocupação com um acontecimento futuro. Eis o que você vai fazer:

Eu quero que você volte a visualizar aquela escadaria, que, neste caso, deve ter degraus brancos, em qualquer estilo que você prefira. A escada pode ser supermoderna ou ter uma aparência mais rústica, como a de um chalé chique nas montanhas, não importa. Basta que os degraus sejam brancos. Agora se imagine descendo essa escadaria em direção a uma porta com uma grande placa vermelha acima dela, onde está escrito SAÍDA. Enquanto você se vê descendo essa escada branca, contando cada degrau para se concentrar, diga a si mesma, "Eu vou descer estas escadas e, quando sair por aquela porta, estarei livre de qualquer preocupação com aquele projeto/homem/trabalho/situação". Diga isso com toda convicção e acredite de verdade. Então, à medida que você silencia todas as vozes negativas na sua cabeça, os degraus de um tom branco brilhante começarão a escurecer até ficarem pretos. E ao ouvir o som da porta batendo atrás de você, imagine que você está fechando também a porta das preocupações e trancando-a muito bem. Deixe toda aquela negatividade no passado e não se volte para trás. Isso é particularmente importante porque, lembre-se, o Universo não poderá cumprir a parte dele do acordo se você estiver contaminando as suas mensagens com recaídas, inseguranças, rancores e outros pensamentos negativos.

MÉTODO DE MANIFESTAÇÃO Nº 4: ENTRAR EM AÇÃO

Gosto de pensar nisso como um crédito extra ou o molho secreto. Acredito que seja o que leva todas as minhas práticas de manifestação do mundo da fantasia para a realidade. Embora incluir o seu cérebro no processo de manifestação dos seus objetivos seja muitíssimo importante, também precisamos ir além do plano mental para acelerar esse processo. Eu gosto de fazer isso por meio da ação dedicada. Suas ações precisam replicar o que você deseja. Por exemplo, quando a editora do meu livro decidiu publicá-lo, eu pedi à minha irmã, que é a pessoa que me ajuda com essas coisas, para mandar flores a ela, agradecendo por dar uma chance a mim e à minha mensagem. Minha irmã me perguntou o que deveria escrever no cartão, então eu disse a ela:

— Escreva: "Estou muito animada com esta jornada e ansiosa para pegar nas mãos este best-seller do *New York Times*!".

Minha irmã ficou um pouco confusa, mas eu precisava ver isso por escrito. Estou sempre fazendo coisas assim e não me importo de parecer maluca. Depois disso, eu fiz minha própria cópia do meu livro e coloquei a frase "Best-seller do *New York Times*" na lombada. Coloquei essa imagem como papel de parede do meu telefone, e toda vez que eu passava por uma livraria no aeroporto, parava um minuto para poder imaginar meu livro ali na prateleira dos novos lançamentos. Como tudo na vida, se você quer que algo aconteça, tem que arregaçar as mangas e pôr a mão na massa.

Eu gosto de pensar que pôr a mão na massa para conseguir o que você está manifestando é como dar uma sacudida no Universo. É meio como sair da trilha de terra batida em que você está (e que a leva para o mesmo lugar de sempre) e desafiar o universo a reescrever a sua história, enquanto tenta acompanhar seu passo e ver para onde você está seguindo. Talvez a minha história não me levasse, originalmente, a um Rolex President cravejado de diamantes, mas eu chamei a atenção da sala do escritor cósmico quando passei a ter uma foto desse relógio sempre à mão, para que a imagem ficasse gravada no meu cérebro, e quando também o experimentei na loja (várias vezes). Eu turbinei esse recurso me esforçando duplamente no trabalho e me desafiando a fazer mais contatos e conseguir alguns clientes extras, tudo com meus olhos fixos no meu valioso prêmio. Eu coloquei as engrenagens em movimento e o Universo embalou tudo numa belíssima caixa de couro verde-esmeralda.

MÉTODO DE MANIFESTAÇÃO Nº 5: INICIAR A PRÁTICA DA GRATIDÃO

Este método não é bem sobre manifestação, mas é algo que eu pratico regularmente e recomendo que você faça o mesmo, porque é outra maneira poderosa de moldar sua vida e tudo que existe nela. Não é só uma maneira poderosa de lidar com a merda toda que a vida regularmente lança sobre nós: dificuldades, ansiedade, frustração, fofocas no escritório (ou será que isso só acontece comigo?), mas você também pode pensar nisso como uma maneira de fazer seu farol para o Universo brilhar um pouco mais. Ou seja, se sua cabeça não estiver repleta de estresse ou raiva, você vai se conectar muito mais rápido com suas frequências de manifestação. Além disso, quando para por um instante para apreciar a abundância que já existe em sua vida, você não fica simplesmente estendendo para o Universo suas mãos vazias e lamentando todas as coisas que não tem. Se há uma coisa com que a Intervenção Divina não vibra é a mentalidade de escassez. Ela não quer ouvir você se queixando sobre como sempre a deixa decepcionada (porque ela não deixa). Ela quer ouvir você falar sobre toda a magia que está criando e continuará a criar com uma pequena ajuda cósmica. E a melhor maneira de fazer isso é por meio da gratidão.

É na verdade tudo muito simples: seja grata. Diga obrigada. Isso não é besteira. É impossível se enredar em más vibrações quando você está se sentindo #abençoada. Por exemplo, não muito tempo atrás eu tive que gravar uma cena horrível em que eu brigava com uma das garotas da imobiliária. Quer dizer, eu não estava brigando. Ela é que veio brigar comigo. Estava com o dedo na minha cara, dizendo "foda-se por isso" e "foda-se por aquilo". O meu antigo eu teria explodido! Dito algo como, "Eu é que vou te dizer que tipo de vadia você é, sua cadela de quinta categoria!". Mas, em vez disso, consegui ficar totalmente calma. Tudo que eu podia pensar naquela hora era: eu realmente lamento por você, porque tenho um bebê e um marido em casa, cuja companhia eu realmente aprecio. Mesmo no auge de todo aquele drama, eu consegui só sentir gratidão. Eu tinha motivos demais para ser feliz, não valia a pena deixar qualquer bobagem me atingir. E durante todo o caminho para casa, em vez de pensar naquela puta psicótica, eu fiquei, tipo, "Não é culpa dela que ela é divorciada e não tem filhos, quando eu tenho todas essas coisas pelas quais agradecer. Eu sou grata pelo meu marido, sou grata pelo meu bebê, sou grata por poder ir para casa e encontrá-los". Entende o que eu quero dizer?

Eu trabalho a prática de gratidão de duas maneiras. Primeiro, eu gosto de manter esse sentimento o tempo todo, para que o meu tanque esteja sempre cheio. Desse modo, se eu me encontrar cercada de negatividade (hum, você já viu o meu reality?) ou se eu for atacada por pessoas negativas (a minha pergunta é a mesma), estou blindada e vibrando numa frequência alta. Eu faço isso reservando um instantinho sempre que posso: quando estou dirigindo, quando estou praticando yoga, quando estou arrumando o cabelo e fazendo a maquiagem no meu quarto de vestir, ou quando estou bebendo um litro de chope Guinness no fim de um longo dia. (Surpresa! Nem tudo é Dom Pérignon na vida desta garota aqui.) Isso não precisa ocupar muito do seu tempo, só tem que ocupar um espaço significativo do seu cérebro por um minuto ou dois. Eu repasso mentalmente a lista (bebê, marido, casa, trabalho) e, passado um minuto, já estou vibrando de gratidão pelo que tenho e de empolgação pelo que posso ter no futuro.

Também uso a gratidão para criar uma mudança no meu cérebro, caso eu me pegue com pensamentos negativos. Mesmo quando estou cercada de positividade e com uma ótima disposição, ainda posso me deixar levar por pensamentos tolos de preocupação ou outros ciclos depressivos. É quando isso acontece que eu pego o controle remoto e simplesmente mudo de canal. Eu penso em coisas que me deixam felizes (meu bebê, Christian), leio um livro que estou amando (qualquer coisa da minha escritora favorita, Lauren Weisberger) ou assisto a um bom filme (*O Diabo Veste Prada*, por exemplo, pois, acredite, Lauren sempre acerta). Apelo para qualquer coisa que me traga gratificação instantânea, seja jogar vídeo game, assar biscoitos ou tricotar uma linda manta. Então, quando a mente não estiver mais fixada em qualquer situação ruim, que tem morado no seu cérebro sem pagar aluguel, comece a preenchê-lo com pensamentos novos e positivos. Como eu tenho muita prática em treinar meu cérebro para não ser pego nessa armadilha, felizmente eu consigo sair dela com bastante facilidade. Com o tempo, você verá que também será capaz de reverter facilmente o negativo em positivo.

Capítulo 8

A Opressão Entre as Mulheres

Mulheres que envergonham outras mulheres não é exatamente uma novidade. A maioria das mulheres faz isso sem nem perceber, algumas até mesmo por hobby e outras como se fosse um esporte olímpico idiota. Mas o negócio é o seguinte: já é difícil ser uma garota num mundo obcecado pela aparência física e em que os homens vêm em primeiro lugar. Por isso digo que é preciso pôr um fim nessa besteira de uma vez por todas. E talvez, apenas talvez, possamos levantar o moral umas das outras, com bondade e compaixão (começando por nós mesmas).

Não se preocupe, eu não vou começar com um papo todo Nova Era para cima de você (o aroma de patchuli não combina com a minha Prada), mas, se você quer atingir todo o seu potencial Boss Bitch, então aquela vozinha na sua cabeça que automaticamente critica outras mulheres tem que desaparecer. Porque, se queremos realmente ser sinceras umas com as outras e com nós mesmas, precisamos admitir que essa vozinha vem de algo que você provavelmente não gosta em si mesma. E nós não queremos mais isso na nossa vida. Pelo contrário, se você quer ter uma chance de subir de nível, precisa se voltar para o seu eu maior, mais poderoso e mais autêntico.

    E você sabe o que isso não inclui? Ficar se metendo na vida dos outros. Acredite, eu já recebi todo tipo de crítica: já me chamaram de piranha e já criticaram o meu corpo, as minhas cirurgias plásticas, o meu jeito de ser. O mundo lá fora não dá trégua para uma Boss Bitch que sabe o que quer, conhece a si mesma, ama seu corpo e não tem medo de assumir quando fez um esforcinho a mais para que sua aparência exterior combinasse com seu fabuloso eu interior. Eu acredito de fato que a maneira como você quer se colocar no mundo é exatamente a que você deve mostrar e ninguém tem que dizer nada sobre isso. Então, se você está pondo outra pessoa para baixo, tem que se perguntar por quê. Que sentimentos ela desperta em você? Raiva? Inveja? Eu sei que pode parecer mais fácil dizer: "Você só está com ciúme", mas muitas de nós, mulheres, sentimos que não podemos deixar realmente a nossa luz brilhar, então, quando vemos outra pessoa fazendo isso e espalhando seu brilho por aí, isso pode ser servir como um tipo de gatilho para as nossas frustrações. É por isso que eu quis reservar um capítulo para realmente olharmos o que está impedindo você de pôr a sua luz para brilhar pelo mundo afora. Porque esta é a sua permissão oficial para fazer isso, não importa o que você pense a respeito. E isso começa quando você para de falar mal de outras mulheres, volta essa energia para dentro e descobre como você quer viver sua própria vida de um jeito mais autêntico.

TEMOS QUE AGIR COM MAIS SABEDORIA: AQUI ESTÁ O PRIMEIRO PASSO

Para acabar com esse costume de depreciar outras mulheres, você precisa fazer três coisas:

1. Faça as pazes com a garota que você vê no espelho.

2. Fortaleça outras mulheres.

3. Desafie os *haters*.

Você sabe que eu posso ser um pouco travessa quando se trata de fazer um pouco de drama, mas eu nunca ajo dessa forma às custas de outra pessoa, fazendo-a se sentir mal só por prazer. Tudo o que digo está fundamentado na verdade. Sabe quando dizem que "a justiça é cega"? Discordo inteiramente. Ela não é cega, ela tem olhos de águia e reconhece de longe uma injustiça e não tem medo de delatá-la. Dê uma olhada nela ali de pé, com seu vestido inspirado em Halston e sapatos de salto fabulosos. Ela definitivamente está por dentro de tudo. Mas não vai colocar outra mulher para baixo só para se sentir melhor. Não, o negócio dela é manter as coisas que importam: justiça, precisão e retidão. De que maneira podemos ser mais como Madame J? Vamos começar demonstrando um pouco de amor por nós mesmas.

PASSO Nº 1: FAÇA AS PAZ COM A GAROTA QUE VOCÊ VÊ NO ESPELHO

Eu nem sempre me senti bonita. Talvez fosse porque eu me considerava desajeitada e esquisita desde que entrei na puberdade, ou talvez isso acontecesse porque as pessoas me tratavam como se eu fosse um lixo, pois eu não era como as meninas populares da escola. Isso acabou me fazendo cultivar um sentimento negativo, um ressentimento pelas outras garotas, por serem mais bonitas, ou pelos garotos, por gostarem delas, mesmo quando não tinham nada de mais. Em vez de ver minhas incríveis qualidades e me sentir segura o suficiente para não precisar atacar ninguém com a intenção de me sentir melhor, eu sempre reagia com base nesse sentimento ruim. Mas acabei percebendo que, quanto mais eu gostava de mim mesma, menos necessidade sentia de perseguir outras pessoas.

Olhar no espelho e amar o que você vê é uma capacidade que nem todo mundo tem. Mas eu sou a prova viva de que você pode chegar ao ponto em que aquela garota olhando para você no espelho seja alguém por quem você faria qualquer coisa. O primeiro passo que dei foi descobrir o que eu queria ver no espelho. Eu queria descobrir uma maneira de meu exterior refletir o meu eu interior. Isso era muito mais profundo do que as roupas que eu usava; era sobre me sentir confortável na minha própria pele. Na época, eu estava assistindo uma tonelada de filmes antigos, especialmente *Os Homens Preferem as Loiras*. Eu assisti àquele maldito filme umas mil vezes, sempre que tinha uma oportunidade. Enquanto as outras adolescentes assistiam à MTV e faziam suas melhores imitações de Avril Lavigne, eu estava em casa com Marilyn Monroe e Jane Russell, absorvendo cada movimento das duas. Eu era especialmente apaixonada por Marilyn (adivinha por quê) e pelo jeito como ela fazia tudo com tanta confiança (quando falava, andava, até quando estava em pé, parada). Eu amava seu corpo curvilíneo e o jeito como ela o usava para projetar confiança. Eu fiz a mesma coisa com vídeos de Dolly Parton, assistindo a suas performances em shows e filmes, como *Das 9 às 5* e *Flores de Aço*. Eu ficava admirada não apenas com a voz e os seios incríveis dela, mas com o jeito como ela comandava uma plateia. Ela e Marilyn sabiam usar as qualidades que tinham e isso as tornava poderosas.

Comecei usando a técnica Finja Até Ser Verdade. Eu me imaginava falando e me movimentando como elas, como se eu fosse uma personagem dos filmes. Quando os assistia, eu via a mim mesma. Imitava o jeito como elas balançavam os quadris, as poses poderosas de Dolly e a risada feminina de Marilyn. Como se costuma dizer, a imitação é a forma mais sincera de bajulação, então eu definitivamente as colocava num pedestal. Mas eu não estava imitando a personagem da Mulher Branca Solteira, estava imitando os traços mais característicos dessas mulheres, para ajudar a projetar coisas sobre mim mesma que eu ainda não conseguia exteriorizar. Quando eu assistia àqueles filmes, não só via coisas que eu admirava, mas partes de mim que eu nunca tinha sido capaz de expressar. E com o tempo, acrescentei às imitações o meu próprio toque pessoal, para ir me apropriando daquelas características, até torná-las minhas. Por exemplo, em vez de copiar o penteado ondulado clássico de Marilyn, eu preferia cabelos longos, estilo Barbie. Em vez do look apalache chique da Dolly, eu preferia o total glamour. Mas eu dou todo o crédito a elas por me ajudarem a desenvolver meus próprios traços, trejeitos, vibe e atitude, que por fim me tornaram Christine, a Marca.

Outro grande exercício para deixar sua autoestima nas alturas é escrever bilhetinhos de amor para você mesma. Não, estou falando de sentimentalismo barato. Acho que muitas de nós se lembra de agradecer pelas coisas que acontecem na nossa vida, mas não paramos para dar a nós mesmas o amor que merecemos, seja levantando nosso moral, escrevendo cartas de amor para nós mesmas ou dizendo: "Dane-se o resto, eu sou a minha maior fã!". Eu acredito muito em mantras diários, porque eles são uma maneira poderosa de declarar sua verdade e depois incorporar plenamente essa verdade. Neste caso, faça mantras para dizer a si mesma o quanto você é incrível. "Você é tão linda!", "Ninguém mais tem tanta criatividade quanto você", "Suas curvas são o que a deixam mais sexy", "Você é a garota mais inteligente que eu já conheci". Você entendeu o espírito da coisa. Você também pode fazer o mesmo no seu diário, escrevendo anotações todas as manhãs ou noites para registrar essa sua nova intenção, até que ela pareça sua segunda natureza. Se você precisar fingir, finja. Diga a si mesma quanto você é incrível e como você é linda e quanto se ama, até que um dia você passe a acreditar em cada palavra que está dizendo.

PASSO Nº 2: FORTALEÇA OUTRAS MULHERES

Vivemos numa sociedade obcecada pela aparência e, embora elogiar outra mulher pelos seus sapatos ou pelas suas unhas feitas seja ótimo, precisamos ir um pouquinho além. É hora de dar o merecido crédito às mulheres da nossa vida que admiramos profundamente, por razões que vão além do modo como elas se vestem. Pense em como você se sente quando está no modo Boss Bitch (como se pudesse conquistar o mundo, ao estilo Jeff Bezos,[1] certo? Tipo, o céu é o limite). Agora pense no que a faz entrar nessa vibe (você está se achando, certo?). Agora imagine como a sua cidade, estado, país, o mundo seria se formássemos um exército de mulheres como toda essa motivação. Meu palpite é que poderíamos resolver alguns dos nossos maiores problemas mundiais e ainda ter tempo suficiente para fazer uma pausa para o almoço e receber uma massagem relaxante.

Então, como podemos fomentar o poder da Boss Bitch? Fazendo uma corrente em que uma mulher incentiva a outra. É hora de estimularmos esse poder umas nas outras e fazermos

---

[1] Fundador e presidente-executivo da Amazon. (N. da T.)

essa corrente ganhar impulso. Eu quero que você identifique três mulheres na sua vida que você admira e realmente pense no porquê. Então, você vai deixá-las muito felizes, contando a elas as razões por que as admira. Vá além das características físicas ou do estilo delas ao se vestir. Quem são essas mulheres da sua vida que fazem você sentir vontade de se levantar e aplaudir? O que elas têm que faz você se sentir assim? Que atributos são exclusivos delas? Vou começar com três mulheres muito conhecidas e que eu tenho a sorte de conhecer pessoalmente.

MINDY KALING

Eu conheci Mindy de um jeito muito engraçado. Estava esperando para entrar em cena num episódio de *Sunset* (eles sempre reservam para mim o drama que acompanha uma entrada triunfal... Você está surpresa?). Então essa mulher veio até mim, gritando atrás da máscara:

– Oh, meu Deus, Christine! Christine!

De início, achei que fosse uma fã mais ardorosa, mas depois ela se aproximou, tirou a máscara e era a própria Mindy Kaling. Eu mal pude acreditar.

Então ela me disse:

– Estou obcecada por você. Eu adoro tudo sobre você; sou sua maior *stalker*. Você não faz ideia. Parabéns pelo bebê e pelo livro, estou muito animada por você. Eu literalmente te amo. Sou do time Christine!

São mulheres incentivando outras mulheres ou o quê?

– Garota, eu é que te amo! – eu disse a ela. – Na verdade, eu sou a sua maior *stalker*!

E não é só isso. Mindy, sabe por que eu te admiro tanto? Tudo começou, como tenho certeza de que também para muitos dos seus fãs, com a série *The Office*, que eu costumava assistir várias e várias vezes. Eu via cada episódio em grande parte por sua causa. Você tem esse humor seco mesmo sendo tão doce, sociável e simpática. Era uma combinação rara para uma mulher na TV naquela época, pré-Netflix! Você se conhecia antes mesmo que o autoconhecimento estivesse na moda. Você estava à frente do seu tempo e conseguiu muito em Hollywood. O prazer do nosso encontro foi todo meu.

KHLOÉ KARDASHIAN

Eu sou fã das Kardashians há anos, então você pode imaginar minha surpresa e deleite total quando Khloé e eu começamos a nos falar pelo Direct do Instagram. Temos um amigo em comum que nos colocou em contato e nos demos muito bem. Khloé me deu conselhos muito amáveis sobre a maternidade. Na verdade, eu contei a ela sobre minha gravidez muito antes de a notícia vir a público. Nossas mensagens no Instagram se transformaram em telefonemas e, antes mesmo de eu começar a escrever este livro, ela já me dizia:

– Você é tão Boss Bitch! Eu adoro vê-la no reality.

(Obrigada pela ideia do título deste livro, Khlo!)

Como sou fã do seu programa, Khloé, eu me senti atraída por você desde o começo. Era óbvio para mim que você era a verdadeira estrela. Você era simplesmente você mesma, tão verdadeira, tão hilária e falando tantos palavrões, que eu logo me identifiquei. Você falava a minha língua! Você não pedia desculpas por ser você mesma naquele reality e, para mim, simplesmente não há nada melhor do que isso. Também admiro a maneira como você lidava com todas aquelas mulheres que falavam de você sem parar. Seu "rosto em constante mudança" é tema de um número impressionante de manchetes e blogs, e adoro a maneira como você abordou isso na reunião do reality *Keeping Up with the Kardashians*. Andy Cohen disse, "OK, todo mundo quer saber, o que você fez no seu rosto?". Você respondeu que fez plástica no nariz e injeções. Então Andy disse, "Bem, o público tem especulado sobre isso há tantos anos... Por que você está nos contando apenas agora?". Sua resposta foi puro fogo: "Ninguém nunca me perguntou".

Como é isso para uma Boss Bitch? As pessoas especulavam e falavam merda pelas suas costas havia anos, mas ninguém teve coragem de perguntar na sua cara durante aquele tempo todo. E então, quando alguém finalmente pergunta diretamente, você fica feliz em compartilhar, porque ninguém sai ganhando se todos nós escondermos do mundo o trabalho que fizemos. Não há vergonha nenhuma em fazer uma cirurgia plástica (vou falar muito mais sobre isso num instante), e não há vergonha nenhuma em ser você mesma. Estou orgulhosa de você.

SIMONE BILES

Eu tive a sorte de receber uma mensagem no Instagram da ginasta chamada GOAT,[2] quando fiquei noiva do Christian: "Você é minha pessoa favorita, literalmente", ela escreveu. "Eu te amo. Quero ser você quando crescer." Geeeente!

Trocamos muitas mensagens desde então e eu absolutamente adoro que ela enfeite seus collants com uma cabra de strass. Tenho que amar essa ostentação, garota! Infelizmente, é muito raro que atletas do sexo feminino tomem posse do seu poder como Simone faz. Isso significa simplesmente confiança. Ela não se encaixa no molde em que as pessoas querem que as ginastas se encaixem (ou seja, garotinhas quietas e dóceis). Eu adoro quem não liga para o que os outros pensam e não segue as regras, por isso obviamente adoro Simone.

Simone, eu amo tudo o que você faz. Não só porque você é extremamente talentosa, mas por causa da sua atitude. Você exala confiança. Outra atleta poderia ter exatamente as mesmas habilidades que você na ginástica, mas não seria como você. Há algo visual e visceral em sua confiança interior e na maneira como você se apodera da sua grandeza. E, além de todas as suas conquistas, o fato de você priorizar sua saúde mental e ter se retirado da equipe olímpica quando viu que não estava no seu melhor momento para competir foi um exemplo incrível, valioso e potencialmente capaz de salvar

---

[2] Abreviatura da expressão *Greatest of All Time* ["A Maior de Todos os Tempos"], cujas iniciais formam a palavra GOAT, "cabra", em inglês. (N. da T.)

vidas para pessoas de todos os lugares. É fácil olhar para mulheres de sucesso e presumir que elas não enfrentam obstáculos e dificuldades, mas todas nós enfrentamos. Acabar com o estigma da saúde mental é muito importante, e você fez isso como a GOAT que é. Obrigada por ser você.

PASSO Nº 3: DANE-SE OS *HATERS*

Sejamos verdadeiras. A maior parte das expressões de intolerância acontece na internet. A maioria dos trolls[3] da internet não tem coragem de levar suas críticas e insultos contra as mulheres do teclado para o mundo real. É fácil vomitar seu ódio teclando na segurança do seu lar. Muito mais difícil é fazer isso cara a cara. Para sua sorte, repreender mulheres que criticam mulheres também é muito mais fácil pela internet. Se você não tira o olho das redes sociais, então por que não usar melhor esse tempo? Quando você se deparar com alguém criticando uma mulher na internet, chame a atenção dessa pessoa. Você pode fazer isso usando suas próprias palavras ou as minhas. Anote o texto abaixo ou copie e cole:

> *Olá! Estou vendo que você teve tempo para dizer o que pensa sobre [digite o nome da mulher]. Embora eu respeite a sua opinião, você já parou para pensar que, se usasse seu tempo de uma forma mais positiva, talvez o mundo pudesse ser um lugar muito melhor? E, em*

---

[3] Pessoas que provocam e aborrecem outras na internet por puro prazer. (N. da T.)

troca, talvez as pessoas fossem mais legais com você...
Te desejo muito amor!

Veja, você pode chamar a atenção da pessoa que fez a crítica com palavras gentis. Ou se é uma mulher acabando com outra mulher, considere dizer o seguinte:

> *Olá! É ótimo ter esta plataforma incrível onde todos podemos expressar nossas ideias, mas e se as mulheres parassem de agir como inimigas e começassem a se comportar como se estivéssemos todas no mesmo time? E se, em vez de querermos arrasar outras mulheres, tentássemos nos ajudar mutuamente? Passe adiante.*

Quero dizer, e se todas nós participássemos do projeto de enaltecer outras mulheres? Poderíamos mudar completamente o que é compartilhado na internet. Em vez de nos preocuparmos instantaneamente se outra mulher vai nos atacar por qualquer coisinha que dissermos (sendo muito desagradável, muito ríspida, muito megera, muito franca, muito estranha), poderíamos, em vez disso, nos expressar sem medo, sabendo que teríamos essa comunidade incrível para nos apoiar. Sem mencionar o fato de que todas essas pessoas que passaram a vida inteira fazendo críticas ácidas na internet, procurando o ícone perfeito, pensando em como escreveriam o comentário mais ferino e sentindo muito orgulho do seu eu mesquinho e insignificante perderiam totalmente sua ocupação. Imagine o que elas poderiam fazer agora com todo esse tempo livre!

CALE AS CRÍTICAS FEITAS AO CORPO

Eu não posso nem acreditar que ainda temos que falar sobre isso. Caramba, estamos no século XXI! Será que realmente precisamos de mais um sermão para explicar que cada corpo é bonito exatamente do jeito que Deus ou dr. Godman fez? Nós vamos chegar às cirurgias plásticas num minuto, mas primeiro vamos acabar com esse absurdo de uma vez por todas: independentemente da aparência do corpo de alguém, do tamanho que ele tem ou das roupas escolhidas para mostrar esse corpo (ou escondê-lo, se é isso que você prefere ou que suas crenças exigem), repita comigo agora: Nada. Disso. É. da. Sua. Conta. Não pense que porque alguém tem uma certa aparência, você sabe tudo sobre essa pessoa. Você sabe quantas mulheres me chamaram de anoréxica? Desde que nasci sou magra feito uma vara. Eu tenho dificuldade para ganhar peso, não importa o que eu faça. Não estou dizendo isso para me gabar. Você sabe quanto eu queria ter o corpo de violão da Marilyn Monroe? Os quadris, a bunda, os peitos dela... Eu queria ter tudo isso e me sentia menos mulher porque a única coisa curvilínea no meu corpo era a minha cabeça. Então eu sei por experiência própria que, quando se trata da nossa aparência, a grama é sempre mais verde do outro lado da cerca. Isso faz parte da natureza humana. Mas não quer dizer que você deva jogar estrume por cima da cerca!

Tiro o chapéu para mulheres como Ashley Graham e Bebe Rexha, que têm corpos que não se encaixam no estereótipo de Hollywood. Apesar de há tanto tempo nos dizerem que as mulheres precisam ter uma determinada aparência para serem bonitas, eu adoro ver que elas assumem quem elas são e a aparência que têm, com a esperança de que mais mulheres se aceitem do jeito que são. Não é porque elas saem da "norma" com relação aos padrões de beleza que não são maravilhosas (isso só significa que essa norma é limitada demais!). Tenham a mente aberta, pessoal!

Infelizmente, muitas pessoas ainda se esquecem de que os nossos padrões de beleza já não fazem sentido. Então eu incentivo cada pessoa que está lendo este livro a despertar a memória das pessoas e levá-las para o lado positivo. Posso apostar que quase todo *hater* que está desperdiçando seu tempo fazendo um comentário negativo sobre o corpo de outra pessoa tem muita coisa que pode melhorar em si mesmo. Reflita você mesma sobre isso. Sempre que estiver querendo chamar alguém de gordo, ou dizer a essa pessoa que ela não deveria usar um certo tipo de roupa por causa do tamanho do seu corpo, ou incentivar alguém a ir comer um sanduíche porque ela parece muito magra, dê uma olhada em si mesma primeiro. Como você se sente com relação à sua própria aparência? Se a resposta for "não muito bem", então leia esta seção outra vez. VOCÊ É LINDA! Exatamente do jeito que é! Todos nós somos! Celulite, braços flácidos, barriga proeminente, peitos grandes, peitos pequenos, pernas magras, pernas curtas e atarracadas – não importa. É tudo incrível, porque é o que você faz com tudo isso que importa. Posso apostar que, quanto mais autoconfiança você tiver e mais amor sentir ao se olhar no espelho, menos inclinada você estará para descontar sua frustração em outra pessoa. Lembre-se, estamos todas juntas agora e estamos aqui para apoiar você!

PLÁSTICAS FANTÁSTICAS

Enquanto estamos falando sobre não dar palpite na aparência dos outros, quero reservar um minuto para acabar com a vergonha que as mulheres têm de querer mudar a aparência delas. Não criticamos uma mulher por querer tingir o cabelo, usar lentes de contato coloridas ou mudar a cor do esmalte, então por que ficamos tão furiosas e indignadas quando ela quer mudar os lábios, o peito, a bunda, as sobrancelhas, a papada, as panturrilhas ou o que quer que seja? No meu modo de ver, cirurgia estética ou injetáveis como preenchimento e o botox são apenas mais uma maneira de deixar as mulheres tão bonitas por fora quanto elas se sentem por dentro.

Na época em que eu estava nos meus dias de Marilyn e Dolly, tentando enxergar no espelho o que eu estava vendo na tela da TV, eu me lembro que sentia uma desconexão. Era algo no meu reflexo, que parecia tão diferente do modo como eu me sentia, que sempre me deixava chateada. Então, quando eu tinha 21 anos, coloquei silicone nos seios. Não foi porque eu estava me comparando com outras pessoas, foi porque eu sabia que isso faria eu me sentir muito mais confiante e sexy. Então eu fui para o mundo, trabalhei duro e economizei os 7 mil dólares que custava o procedimento. Foi algo que eu fiz por mim e por mais ninguém. Quero dizer, se eu quisesse fazer isso por um homem, seria preciso que pelo menos esse homem pagasse a cirurgia!

Depois eu comecei a pensar no preenchimento labial, porque eu queria ter lábios grandes para combinarem com a minha boca enorme (e eu não me refiro apenas ao que sai dela). Em seguida veio o botox, a princípio de forma preventiva e depois como manutenção. Eu não fazia isso porque eu me odiava. Muito pelo contrário! Eu fazia porque eu me amava e queria que meu exterior refletisse o lindo interior do qual eu estava tão orgulhosa. E eu defendo essa ideia incondicionalmente. Do mesmo modo que a #positividadecorporal deu às mulheres a liberdade de se abraçar independentemente da forma e do tamanho do seu corpo, eu estava aplicando essa mesma devoção a mim mesma, visto que já tinha chegado num ponto em que eu finalmente parecia e me sentia a versão mais verdadeira de mim mesma. Acredite, não há nenhuma vergonha nisso.

Na verdade, acho que as pessoas deveriam falar mais sobre os procedimentos que fizeram ou querem fazer. Eu me lembro de quando foi lançada a primeira temporada de *Sunset*. Saíram vários artigos sobre cada uma de nós, mulheres, e todas as cirurgias estéticas que os "especialistas" estavam especulando que tivéssemos feito.

Eu acho que isso é muito perigoso, porque faz as pessoas sentirem que isso deveria ser um segredo. Não! Assumir quem somos inclui as escolhas que fizemos para nos sentir bonitas. Leia a página sobre a minha garota Khloé Kardashian (quando ela teve uma conversa com Andy Cohen sobre como ficaria feliz em ser sincera a respeito das plásticas que fez, sem qualquer constrangimento ou desculpas. Ela falou tudo. Essa é a vibe que eu quero que você tenha. Pense na alternativa (todas aquelas vadias fingidas do Instagram, fingindo ser perfeitas. Isso é até mais prejudicial. Sem filtro, uma ova! Ninguém é perfeito. (Caramba, mesmo depois de quatro horas de produção, as minhas fotos ainda passam pelo Photoshop. Todo mundo faz isso!) Alguma dessas coisas mudam quem eu sou? Não. Acrescentam algo? Sim. Eu me sinto melhor. Então vamos todos parar de fingir que nascemos assim. Eu fiz essas escolhas, e qualquer outra pessoa também pode fazer. O que me leva a:

VOCÊ É QUEM SE CONSTRÓI

Depois que comecei a mais recente temporada do reality, minha família e eu estávamos viajando e um assunto interessante veio à baila entre mim e Christian. Eu estava me preparando para ir à praia e resolvi aplicar um pouco de maquiagem. A princípio, só corretivo e rímel. Depois decidi fazer uma escova no cabelo também. Christian me viu fazer isso.

– Por que você se importa com o que as pessoas acham da sua aparência? – ele me perguntou, parecendo visivelmente perplexo.

– Você não entende – eu disse a ele. – Não se trata dos outros. Mas de mim. Se eu acho que pareço horrível por fora, então vou me sentir horrível por dentro. Passar um rímel e secar o cabelo são coisas que fazem eu me sentir bem.

Tudo se resume ao que você faz para si mesma, não é? Eu sei que existem mulheres que não pensam duas vezes antes de deixar de lado a maquiagem quando vão à praia com a família. Elas ficam com uma aparência natural, de cara limpa, e eu acho isso incrível. Mas também há toneladas de mulheres que precisam fazer um pouquinho mais para se sentirem bem consigo mesmas. Como acontece com qualquer outra coisa, cada uma de nós tem uma maneira de se sentir confortável ao se apresentar para o mundo.

Eu quero frisar muito bem: você é quem se constrói. E aquela fulana ali? Ela está fazendo a mesma coisa. Vocês podem parecer diferentes uma da outra no processo, mas isso é o que faz o mundo girar. Pare de depreciar outras mulheres e a si própria, mesmo em pequenas coisas. Se todas fizermos a nossa parte, talvez possamos estar no mesmo time juntas, afinal.

Capítulo 9

Padecendo no Paraíso

Eu sempre achei que já tinha visto de tudo quando se tratava de mulher depreciando outra mulher, mas isso nunca foi tão intenso quanto depois que engravidei, dei à luz o meu filho e comecei o trabalho mais difícil da minha vida: criá-lo. E pode ser surpreendente, mas eu consegui fazer tudo isso sem dar ouvidos a todas as pessoas por aí, que se sentem no direito de criticar, julgar, trollar, humilhar e impor o jeito delas sobre a minha vida, especialmente quando se trata do meu filho.

Este não é um conceito novo, mas vou repetir assim mesmo: ter um bebê é uma mudança radical na nossa vida. Não existe outra época em que uma mulher precise tanto de apoio quanto naquela em que se torna mãe, ainda assim esse acaba sendo o momento em que todo mundo, inclusive a mãe dela, sente que pode meter o bedelho em cada uma das decisões que ela toma. Seja no modo como você engravida (ou resolve não engravidar!), carrega o bebê, dá à luz e volta a viver a sua vida depois, eu quero que você saiba que nada disso é da conta de ninguém! Ponto-final. Eu não me importo se é a sua melhor amiga ou a sua mãe. (Garota, até a sua médica precisa saber quando não dar palpite em certas decisões suas e de seu parceiro. Isso tudo é para falar que, quando se trata de tomar decisões relacionadas à sua gravidez e ao seu filho, a escolha é sua e você é quem dita as regras.

Eu recebi ataques de mães ao longo de todo o meu processo de maternidade. Quando eu estava com cerca de seis meses, decidi anunciar minha gravidez num artigo no site da revista *People*. Quase imediatamente após a postagem ir ao ar, as críticas começaram:

"Ela não pode estar grávida de seis meses!"

"Olha o tamanho da barriga dela!"

"Ela está mentindo."

No começo, eu me afastei. Era definitivamente estranho ver as pessoas obcecadas com o meu corpo, e eu realmente não compreendo como os pensamentos delas podiam ser tão negativos, quando poderiam simplesmente ficar felizes por mim. Mas eu não ia gastar a minha energia pensando nisso. Quero dizer, eu nunca tive bunda ou curvas e sempre fui magra, então fazia sentido que a minha barriga estivesse mais para um Mini Cooper do que para um Range Rover.

Mas nada poderia ter me preparado para as críticas que continuaram chegando e ficando mais duras e mais intensas a cada dia que passava. Mensagens de pessoas que eu não conhecia passaram a inundar as minhas redes sociais:

"Não dá para acreditar que você trouxe uma criança ao mundo."

"Espero que seu bebê morra."

A internet não é uma maravilha?

De uma maneira muito menos dramática (mas igualmente intrigante), eu percebi que estar grávida significava que pessoas absolutamente estranhas se sentiam no direito de me aconselhar sobre como cuidar de mim e da criança que eu ia parir. Quando comecei a aparecer em público, isso abriu portas para os comentários feitos pessoalmente:

"Oh não, não, não, não... Você não pode mais fazer isso agora que está grávida."

Eu ouvi isso muitas vezes e sei que incontáveis outras mulheres grávidas também ouviram. Desde a ingestão de cafeína até seu nível de atividade, se você é uma grávida evidente, o mundo acha que tem o direito de dar palpite. A internet se horrorizou diante da minha rotina de exercícios, que (convenhamos, gente!) não era nada além de yoga e pilates, atividades que eu já vinha praticando desde muito antes de ficar grávida. E se existe uma pessoa que ficaria preocupada com o risco de, digamos, ocorrerem complicações durante a gravidez, você não acha que essa pessoa seria eu? Claro que consultei especialistas que poderiam me aconselhar sobre como exercitar meu corpo com responsabilidade e todos eles me deram sinal verde para continuar fazendo coisas que me traziam uma sensação de bem-estar. Mas, pelos comentários deixados nas fotos que tirei no tatame ou nos aparelhos de pilates, a impressão era de que alguém deveria ligar para o Serviço de Proteção à Criança, porque eu não conseguia tomar essas decisões por mim mesma. E, depois, quando eu estava com cerca de oito meses de gravidez, um programa de TV para o qual fui convidada como entrevistada abruptamente cancelou minha aparição. Meu assessor de imprensa perguntou o motivo e um produtor disse: "Ah, nós pensamos que ela não iria mais querer".

Outro programa quase não me convidou pelo mesmo motivo. Por que carregar uma criança faz as pessoas acreditarem que, de repente, você não consegue mais pensar por si mesma? Eu sei que estava prestes a me tornar mãe de um ser humano e tudo mais, mas muito obrigada por pensar por mim e dar uma folga para o meu pobre e insignificante intelecto. Jesus Cristo...

E também havia pessoas surtando por causa das roupas que eu usava. Quero dizer, no meu dia a dia normal eu já costumava receber uma enxurrada de críticas porque adoro decotes profundos e ando por aí com as pernas à mostra. E, em resposta a essas críticas, eu sempre digo: "Muito obrigada por ter notado!". Mas e durante a gravidez? Os que são sempre do contra eram os que mais tentavam me colocar para baixo. Quando eu estava grávida, mantive o mesmo visual sexy com que estava acostumada, porque eu verdadeiramente acredito que nada sobre nós tem que mudar só porque você é mãe, inclusive o nosso estilo pessoal. Quando posei para a *Playboy* com oito meses de gravidez, aí, sim, as pessoas realmente começaram a me apedrejar. Aparentemente ninguém tinha visto a foto fabulosa de Demi Moore nua na capa da *Vanity Fair*, porque havia comentários do tipo:

"Isso é nojento. A *Playboy* está mesmo tão desesperada?"

"Mas que nojo! Ninguém quer ver isso."

Nojento? O lindo e brilhante corpo gestante de uma mulher em toda a sua glória? Volte para a idade das trevas de onde você veio!

E você nem imagina o que veio depois que o bebê Christian nasceu. Todas as pessoas (e a mãe delas) tinham uma opinião sobre como eu deveria estar vivendo minha vida pós-parto. Eu sempre soube que queria voltar a trabalhar logo, depois de dar à luz. Eu sou assim. Adoro trabalhar e não acredito que isso seja algo que tenha que mudar quando a pessoa se torna mãe. Eu sabia que poderia conciliar os cuidados, o amor e a atenção de que Christian precisava com a minha volta para a minha atividade favorita. Quando eu estava grávida, os produtores de *Sunset* comentaram que eu teria uma licença-maternidade. Achei uma atitude muito gentil e atenciosa da parte deles, mas eu disse que não seriam eles que decidiriam de quanto tempo eu precisaria, mas eu mesma. Eu obviamente queria ter tempo para me recuperar, mas, como tenho a sorte e o privilégio de poder pagar uma babá, poderia voltar assim que estivesse fisicamente apta. Em vez de me apoiar e aceitar a minha decisão, eles me olharam como se eu fosse um ser de outro mundo. E, quando voltei a filmar (mais cedo do que gostaria, devo acrescentar, por causa das pressões da produção), eles só queriam que eu fizesse cenas em que estivesse acompanhada do meu bebê, inclusive na imobiliária.

Claro que eu adoro mostrar meu filho, mas não gosto de ser vista apenas como mãe.

Os produtores do reality não foram os únicos que não conseguiram ficar de boca fechada. Também sofri ataques ferozes pela internet:

"Passaram-se apenas TRÊS semanas!"

"Quem está cuidando do seu bebê?" Hum, é da sua conta?

"Como você pode voltar tão rápido? Seu corpo precisa de um descanso!" Obrigada pela "preocupação", mas meu corpo se recuperou bem rápido. Você gostaria de agendar uma teleconsulta com meu médico para conferir?

"Você voltou a postar fotos suas, mas onde estão as fotos do bebê?" Isso é realmente engraçado, porque, para cada comentário com ar de falso pânico do tipo, "Onde está o bebê?!", havia outra pessoa me dizendo que não queria ver fotos de bebês nas minhas redes sociais.

Pode-se dizer que é uma situação bem ingrata quando nos tornamos mães e sentimos que nossas decisões nunca vão agradar a todos. Mas a questão é a seguinte: a verdade é que existe uma maneira de não nos sentirmos assim e ela consiste em não fazer questão de agradar a todos. Eu sei que essa ideia pode ser chocante à primeira vista, porque fomos criadas para sermos "boas garotas", sempre prontas para deixar todos felizes (exceto nós próprias). E eu sei que muitas críticas e comentários você vai ter que ignorar. Mas a boa notícia é que você pode ser você mesma sem absolutamente nenhuma necessidade de pedir desculpas, se sentir envergonhada ou querer adivinhar o que os outros esperam de você. Não existe um manual que nos ensine a constituir uma família, nem existe uma fórmula pronta que sirva a todos, então por que não ser mãe do seu jeito e esquecer o resto? Como Amy Poehler diz com genial simplicidade no seu livro *Yes Please*, ao se referir às outras mulheres, às escolhas que elas fazem e às opiniões que têm: "Pode ser bom para elas, mas para mim não é". Se você prefere ficar na sua e manter sua privacidade ou ser uma #mamaesexy, se vai ficar em casa ou continuar a arrasar no escritório, se vai dar mamadeira ou amamentar, se vai vestir seu filho com roupas doadas ou com marcas de grife, isso não é da conta de ninguém. Todas nós podemos ser esposas e mães da maneira que mais nos convém.

A chave é (mais uma vez) lançar mão da reserva Boss Bitch de força e discernimento que você vem acumulando ao longo deste livro. Quanto mais determinação e confiança você demonstrar em suas escolhas, mais fácil será calar as vozes que não têm nada a ver com (A) a realidade, (B) a sua vida e (C) qualquer coisa positiva ou produtiva em que você possa concentrar sua atenção. Então dê uma invertida em qualquer expressão de ódio, dizendo simplesmente à pessoa: "Eu adoro quando você se refere a mim como mamãe".

MÃOS NA MASSA, *BITCH*!

Se está pensando em engravidar, se está convicta de que não quer filhos, se já está grávida ou já tem seis filhos e mais um a caminho, este exercício é para você. Independentemente do tipo de mãe que você quer ser, eu quero que sinta que você pode ser a sua versão mais verdadeira e mais genuína de si mesma. Isso é um direito seu! Você tem essa prerrogativa e ninguém pode tirar isso de você, não importa quanto possam tentar. Portanto, da próxima vez que alguma vadia vier falar alguma bobagem, você vai tirar isso de letra.

Quero que você revise os exercícios de visualização do Capítulo 7 e faça este também. Fique numa posição confortável e feche os olhos. Eu quero que você se imagine exatamente como quer estar daqui a um ano. Você está com seu amado bebê de 3 meses no colo? Está com uma barriga adorável, seja ela pequena ou mais ao estilo Buda? Você está com um scarpin salto-agulha e um vestido colado no corpo? Está arrasando no trabalho, em casa com o bebê, tem uma babá ou ele está na creche? Está viajando pelo mundo porque não tem compromisso com ninguém? Está vestindo seus filhos dos pés à cabeça com Gucci e não tem nada em sua agenda a não ser o horário no salão de beleza? Ou está brincando no parquinho sem pressão para responder e-mails de trabalho, porque trocou as reuniões e teleconferências pelo lanchinho da tarde e as sonecas?

Agora eu quero que você repasse todos os passos da manifestação: seja muito clara e específica, visualize algo que seja muito importante para você e imprima essa imagem de tal maneira em sua mente que possa senti-la com todos os seus sentidos. A beleza desse exercício é que você pode usá-lo de duas formas: para manifestar algo, trazendo à realidade um desejo que ainda não se realizou, ou para ficar ainda mais decidida sobre como quer que as coisas sejam na sua vida. Ênfase na palavra VOCÊ, porque, se reparar, vai ver que o que os outros pensam não faz parte deste exercício. OK, talvez neste caso você deva pensar mais como mãe ou como pai, mas, com exceção do seu filho, este exercício tem a ver com o que parece certo para você e mais ninguém.

Epílogo

Roube a Cena

Desde pequena, eu sabia que queria contar a minha história. Sempre adorei representar personagens diferentes e causar reações nas pessoas, fazendo-as rir, chorar, vivenciar toda a gama de sentimentos, por isso eu sabia que ser atriz era o caminho ideal para mim. Meu verdadeiro sonho, porém, era interpretar eu mesma num programa de TV. Interpretar um personagem sempre me deu a impressão de que eu precisava esconder uma parte ou várias de mim mesma, que eu não podia mostrar porque (dããã...) não faziam parte da personagem. Eu queria ser eu mesma, sem restrições e sem cortes. Muito antes de os realities show serem tão populares, exceto talvez pelo das Kardashians (mulheres maravilhosas que são), era isso que eu queria. Então, quando *Sunset* me ofereceu a chance de estar num reality despretensioso, do qual não se podia prever nada, nem se faria sucesso ou não, pensei, "Por que não"? Eu poderia ser eu mesma, brincar um pouco com isso, me divertir e até passar um pouco dos limites. Eu só sabia que, se aceitasse a proposta, seria totalmente eu mesma, sem nenhum remorso. E eu teria que ser quem mais se destacasse.

No começo, não me preocupei em descobrir como conseguiria mais tempo de exposição na tela, eu só queria ser lembrada. Depois, sim, talvez eu tenha optado por uma briga ou duas na primeira temporada a fim de me preparar para um *gran finale* e garantir uma segunda temporada (que você está convidada a assistir). Ah, eu com certeza apareci com os figurinos mais impressionantes. E fiz isso com um propósito, porque sabia que aquela era a minha oportunidade de me apresentar ao mundo. Afinal, eu teria uma plataforma para contar a minha própria história. Porque como eu costumo dizer: se você não contar, alguém vai fazer isso por você. E os direitos autorais sobre a história de vida desta garota aqui não estão à venda.

Quando o programa foi ao ar pela primeira vez na Netflix e foi um sucesso meteórico, aí tudo mudou. Minha conta no Instagram de repente passou a ter 500 mil seguidores, ávidos para saber o que eu fazia, usava, criticava ou falava (embora fosse a minha primeira vez nas redes sociais), e esse número acabou se transformando em milhões. De repente, tudo aquilo que eu postava ou não postava (as pessoas ficavam malucas quando eu ficava um tempo sem postar nada, mas eu meio que gostava de fazer suspense – "Aonde é que ela foi?") passou a causar uma reação em toda essa massa de pessoas e elas respondiam em avalanche. Diziam que se viam em mim ou que se identificavam comigo num nível pessoal; me faziam perguntas do tipo, "Como posso ser mais confiante?" ou "Como posso melhorar o meu estilo?" (basta ler o meu livro, minhas caras!); e fãs estavam dedicando páginas inteiras a mim. É muito amor! Foi isso que me fez perceber que eu deveria compartilhar minhas experiências e contar minha história.

Meus fãs dizem que eu roubo a cena em *Sunset*, mas o que me deixa mais orgulhosa é saber que eu roubo a cena na minha própria vida. Sim, talvez eu tenha que trabalhar com gente chata, manipuladora, bajuladora ou que fala pelas costas (mais comentários sobre isso daqui a um instante), mas o que realmente importa é que tomei as rédeas da minha própria vida e ninguém nunca mais vai apagar meus holofotes. (E por falar em holofotes, se for tirar selfies, faça isso durante a hora mágica, o período logo após o nascer do sol ou antes do pôr do sol. Você vai ficar fabulosa. Eu juro, e aposto que você nunca vai encontrar uma sombra pouco lisonjeira em qualquer uma das minhas postagens perfeitas! Mas estou me desviando um pouquinho do assunto...) Percebi que não fui feita para ser uma coadjuvante, uma coestrela entre outras onze. Fui feita para ser a estrela. Reconheço o meu valor. Sou muito mais do que uma das onze. Sou inigualável. Somos todas inigualáveis. Eu até queria que as outras garotas do reality percebessem isso, em vez de ficar competindo pelo *status* de Alpha. (Todas nós já sabemos quem ganharia essa.) Sou grata por essas experiências do reality, porque elas me fizeram perceber o que eu preciso na minha vida: ser eu mesma, sem nenhuma edição. E isso me levou a novos e incríveis patamares, como lançar minha própria linha de maquiagem e escrever este livro, que realmente mostra às pessoas quem eu sou.

O que aprendi nestes últimos anos de *Sunset* foram como uma Master Class Boss Bitch. Ela combina todas as lições que apresentei neste livro e que definem a minha marca, de modo que eu possa ser autenticamente eu, sem nunca temer as oposições, nunca pedindo desculpas desnecessariamente, nunca deixando um relacionamento diminuir a força pessoal desta gata aqui, e nunca (eu estou falando nunca) sentir pena de mim mesma quando estou na lona (ouviu bem, Chrishell?!). Portanto, faz sentido que, à medida que nos aproximamos do fim deste livro assim como da quinta temporada de *Sunset*, eu compartilhe mais algumas lições com você.

Se a sua vida também é um reality show (no sentido metafórico), quem são seus produtores? Eles colocam palavras na sua boca? Eles entregam a você um roteiro que outra pessoa escreveu? Quem está no seu elenco de personagens? Você é a estrela ou deixa outra pessoa ficar no centro do palco? As pessoas ao seu redor estão constantemente tentando tirar a sua luz? Se, sim, talvez você precise de um novo elenco, um novo escritor, um novo diretor. Isso porque você nunca deve aceitar a realidade de mais ninguém. Você não precisa dizer o que os outros dizem, ou usar o que os outros dizem para você usar, ou ser o que os outros esperam que você seja. Não importa o que aconteça, diga o que quer, vista o que quer e seja exatamente quem você quer ser, e o reality da sua vida nunca será cancelado.

Atualmente, estou vivendo essa ideia no dia a dia, porque finalmente estou vivenciando minha verdade em sua plenitude. Por muito tempo vivi nas lacunas em branco da Christine que os escritores e produtores do reality queriam que eu fosse. Eles não mostravam quem eu era como pessoa, eles editavam e filtravam e distorciam tanto as coisas que me tornei uma personagem. Nem mesmo isso, eu me tornei uma caricatura. Esse é o motivo da minha decepção com o reality, mesmo que hoje eu esteja abrindo minhas asas mais do que nunca, graças à minha recém-descoberta plataforma. Porque, mesmo conseguindo conhecer e atingir tantas pessoas graças a toda a exposição que o reality me proporcionou, eu me deparo com pessoas que me procuram porque acreditam que a Christine do *Sunset* seja a Christine da vida real. Isso me faz querer gritar: COMO ASSIM?! Isso é televisão, gente!

Uma vez, eu fui demitida (e depois recontratada) pela produção só porque estava expondo em entrevistas tudo o que era totalmente falso (desde nossos diálogos até os nossos relacionamentos e os imóveis que vendíamos no reality). Nossos clientes não queriam que suas casas fossem transformadas em cenários e a maioria deles preferia não se envolver com todo o burburinho que acompanha um reality show. Por isso os produtores nos arranjavam outros imóveis, principalmente para as meninas novas. Havia sujeira debaixo do tapete que as pessoas precisavam saber e essa minha boca grande coberta de gloss não ia guardar nenhum segredo (afinal, eu não tinha assinado nenhum contrato com uma cláusula de confidencialidade!). Claro que, na temporada seguinte, todas nós tivemos que assinar, você sabe, para preservar a magia do reality e toda aquela balela. Depois disso, quando as pessoas me perguntavam se as coisas "realmente aconteciam daquela maneira" (obviamente que não), eu não podia dizer a verdade. E comecei a sofrer por causa disso. Quando elas me conheciam na vida real ou escreviam artigos sobre mim, a referência que tinham era a Christine Quinn, estrela do *Sunset*, não a Christine Quinn, ser humano. Eu era a megera, a rainha do gelo, isto e aquilo... E, sim, uma parte disso foi um alter ego cuidadosamente pensado e a outra parte não está tão longe da verdade (para ser sincera), mas muito do que foi mostrado era resultado de partes minhas reais sendo amputadas na sala de cortes. A mesma coisa estava acontecendo com o resto do pessoal do elenco. Os produtores tinham nos garantido de que seria um reality sobre nosso trabalho, sobre o mercado imobiliário, mas mal sabíamos que ele na verdade seria um melodrama, a maior parte fabricada para deixar a série mais atrativa. Eu mandava uma mensagem para o produtor e dizia: "Ouça, eu tenho três casas incríveis agora que nós podemos filmar. Também tenho duas vendas fechadas, então por que vocês não mostram as casas que estou vendendo de fato?". Porque eles não queriam. Nunca tiveram a intenção de que eu fosse uma corretora de imóveis no reality. Eles queriam que eu fosse a vilã.

As últimas temporadas foram um verdadeiro "momento da verdade" para mim. Eu não consegui atuar nenhuma vez sem sentir um gelo no estômago, ao pensar em como eles iam cortar as cenas depois ou manipulá-las. E infelizmente eu tinha razão em me sentir assim. Minha vida foi cortada e reorganizada para que pudessem contar a história do reality, não a minha. Há, por exemplo, uma cena na quarta temporada em que estou fazendo posições de yoga enquanto converso com Davina. Eles mostraram a cena de um modo que dava a entender que ela tinha ocorrido depois de eu dar à luz, como que para insinuar que eu tinha me recuperado muito rápido. (E levando as pessoas a pensar que essa recuperação talvez tivesse sido um pouquinho rápida demais...) Mas, quando gravei essa cena, eu ainda estava grávida! Eles simplesmente não mostraram a minha barriga. Então tive que enfrentar as acusações de falsa gravidez, que foram alguns dos comentários mais ofensivos que já recebi na vida. Eu também estava me sentindo mais solitária do que nunca, porque era difícil dizer se as pessoas à minha volta eram minhas amigas de verdade ou se apenas queriam algo de mim. Dizem que o topo é um lugar solitário e, se fosse antigamente, eu teria pensado: "Sim, e daí? Pelo menos estou sentindo solidão dentro de um jatinho particular, de um iate ou o que quer que seja, e isso faz com que eu me sinta muito mal por você", mas agora eu entendo. Eu também vi as pessoas ao meu redor, no reality, mudarem da água para o vinho. Essa é a única coisa que ninguém nunca pode dizer de mim: "o reality mudou quem ela é". Mas eu vi meus relacionamentos com algumas das minhas colegas de elenco se desgastarem ou irem por água abaixo, porque eu não as reconhecia mais.

Algumas temporadas depois, contar minha história real, ser mais real, significava dar uma enorme guinada. Quando assistir à quarta e à quinta temporadas (e eu espero que você faça isso, porque foi um trabalho de amor), você vai ver uma Christine muito diferente. Sim, ainda percebo que em muitas cenas sou autoritária, falo besteira e faço um drama desnecessário, mas você verá meu lado mais suave também, chorando mais e sendo mais vulnerável. Isso reflete o conflito que sempre existiu dentro de mim, entre meu desejo libriano de ser um porto seguro para as outras pessoas e o impulso de deixar meu ego supremo dominar a cena. Eu quero ser ao mesmo tempo edificante e poderosa (a mesma Christine que você conhece e ama), mas também quero conseguir ser menos combativa às vezes. É uma gangorra que pode realmente me desgastar e, principalmente na quarta temporada, tudo foi colocado em perspectiva. Porque o que as pessoas não vão perceber ao assistir ao reality é que, apenas uma semana antes das filmagens, eu quase morri.

Muita coisa acaba ficando mais clara quando você passa por um trauma que pode dar fim à sua vida (principalmente quando você não quer entrar em briguinhas sem sentido). Para mim, esse trauma foi dar à luz o meu filho. Eu já vou falar disso, mas deixe-me primeiro voltar um pouco no tempo e dizer que nem a gravidez foi fácil para mim. Eu só comecei a parecer grávida quando estava com seis meses, por isso perdi todas aquelas coisas divertidas e fofas que pensei que viriam com a gravidez, como tirar fotos românticas com a minha barriga crescendo. E, quando eu estava grávida de oito meses, em vez de ficar em casa com os pés para cima ou decorando o quarto do bebê, eu estava filmando o reality. Filmamos a quarta temporada em um mês. Quando você assiste, acha que vários meses se passaram, mas, não, eu estava trabalhando dez horas por dia enquanto estava prestes a ir para a maternidade. E depois teve o nascimento em si, que, digamos, foi muito menos roteirizado do que qualquer reality de TV que você já tenha visto, mas com o dobro de dramaticidade.

Eu estava a um mês da data prevista para o parto e comecei a ter contrações que não pareciam muito normais. Informei a minha médica e a resposta dela foi: "Não seja boba, ainda falta um mês". Eu sabia que era meio estranho uma médica dizer aquilo, mas era a minha primeira gravidez, então não pensei muito a respeito. Aquela noite eu estava no tapete vermelho do MTV Awards, porque estava apresentando a premiação e também anunciando uma indicação (a Melhor Briga com Chrishell – eu nunca faço nada pela metade!). Eu estava ali no tapete me sentindo realmente mal, com um líquido misterioso encharcando a minha calcinha, mesmo estando com absorvente, e cólicas. Cólicas fortes. Quando cheguei em casa, mandei uma mensagem para a minha médica novamente e ela disse: "Me mande uma mensagem pela manhã, blá blá blá, está tudo bem". No dia seguinte, fui trabalhar e nunca mais vou me esquecer de Jason fazendo uma piada idiota do tipo, "Sua bolsa não vai estourar aqui no escritório, vai? Você não vai dar à luz aqui, né?". Bem, eu voltei para casa das filmagens naquela noite e, trinta minutos depois, foi como se um balão estourasse entre as minhas pernas. Eu fiquei esperando que o líquido parasse de jorrar, mas isso não aconteceu. O fluxo parava um pouco e depois continuava, e em seguida as contrações começaram, rápidas e furiosas. Àquela altura, eu ainda tinha na cabeça a imagem de como eu achava que seria o parto (eu podia até ouvir minha doula me dizendo com sua voz suave que iríamos contar os minutos entre as contrações, ir de carro devagar até o hospital, e depois espalhar algumas velas perfumadas no quarto). Em vez disso, fomos para o hospital numa correria que mais parecia uma louca cena de perseguição num filme, furando faróis vermelhos e eu gritando de dor no banco de trás, com nada além de uma toalha enrolada na cintura, porque eu não tinha conseguido vestir nada devido ao fluxo constante entre as minhas pernas. E o tempo todo eu estava pensando, "Não, não, não, não, não é assim que deve acontecer. Ainda nem tenho um berço! Eu nem sou adulta ainda!".

Toda a minha experiência no hospital passou como um borrão. Desde o minuto em que cheguei lá e fui levada para a sala de parto, tudo foi como um flash de idas e vindas frenéticas. Ela está em trabalho de parto! Vai ter o bebê agora! Está com uma dilatação de oito centímetros, agora é nove! Você tem que empurrar! O bebê não está vindo. Pegue o vácuo, pegue o vácuo! Não dá tempo para dar a peridural. Os batimentos cardíacos da mãe e do bebê estão caindo, vai ter que ser um parto de emergência! Vamos, vamos! E o tempo todo eu só pensava, "Cadê a droga das minhas velas?" O tempo todo, o bebê e eu estávamos correndo risco de vida. Até que, a certa altura, pediram ao Christian para sair da sala, porque ele "não ia querer ver aquilo". Eles tiveram que me costurar tão rápido que foram obrigados a me passar pelo aparelho de raio X para se certificar de que nenhum instrumento cirúrgico tinha sido deixado dentro de mim, em vez de perderem tempo contando os instrumentos. Minha médica não teve tempo nem para dar o último ponto. Ao todo, tudo levou apenas 22 minutos.

Quando acordei, estava atordoada e confusa. Eu não sabia onde eu estava e não sabia onde meu bebê estava. Eu nem sabia se ele tinha sobrevivido. Eu estava com. Tanta. Dor. Quando finalmente pude ver meu bebê (Christian, em homenagem à rocha que foi o meu marido), eu estava com muita dor para segurá-lo no colo. Os hormônios alterados me deixaram com uma profunda depressão pós-parto, que só foi piorando à medida que eu via todas as publicações no *Daily Mail*, afirmando que eu tinha fingido a gravidez e contratado uma barriga de aluguel. Sabe aquela expressão sobre esfaquear e depois torcer a droga da faca? Mas sabe o que foi pior? Voltei a filmar uma semana depois. Uma semana. Sete dias. Eu mal havia me recuperado, nem tinha capacidade emocional para lidar com as minhas implacáveis colegas de elenco.

Mas, sim, quando me vi de volta ao set de filmagem, não me pareceu certo voltar a fingir que estava tudo bem. Ou que eu não sentia nada quando me chamavam de "rainha do gelo" ou "megera". As garotas estavam caindo em cima de mim por algum motivo idiota e eu estava apenas, tipo, "Eu não posso lidar com isso agora. Literalmente quase morri numa mesa de cirurgia, então os problemas de vocês não significam nada para mim". O bom era que eu estava muito mais disposta a me relacionar com as pessoas. E presumi que, mantendo-me 100 por cento verdadeira, o público veria a crueldade das outras mulheres e suas maneiras desagradáveis. Apenas me concentrei em dizer a verdade. Pode ser que eu não tenha dito o que elas queriam ouvir, mas eu podia dormir à noite porque estava sendo fiel a mim mesma.

Enquanto isso, na vida real, eu também estava sendo mais sincera. Usava as redes sociais para me conectar com as pessoas num nível sem precedentes, me abrindo sobre minha experiência traumática de parto e minha luta contra a depressão pós-parto. Eu imaginava que, se eu estava vivendo uma espécie de luto por não ter passado pela experiência de um parto "perfeito" (como se isso existisse! Gente, por favor, pare de fingir que isso existe!), muitas das minhas seguidoras poderiam estar passando pelo mesmo. E com certeza, elas reagiriam com gratidão e apoio sinceros.

Ainda dói às vezes pensar como mulheres que presumi que fossem minhas amigas no reality podiam ser tão frias. Claro, elas mandaram presentes quando Christian nasceu, mas foi só por educação ou por meio de uma assistente, que ligava pedindo o meu endereço. O melhor presente teria sido, talvez, quem sabe, elas serem legais comigo. Que isso seja uma lição para você também: os coadjuvantes do filme da sua vida são importantes. Se os holofotes por acaso brilharem um pouco mais sobre você, eles deveriam estar torcendo ainda mais por você, sem tentar ofuscar o seu momento. Eu nunca tinha percebido o que o ciúme pode provocar nas pessoas. Meu marido resumiu isso muito bem: eu e minhas colegas de elenco recebemos a mesma oportunidade e visibilidade; éramos sete pessoas na linha de largada, esperando ganhar a mesma corrida. Acabei sendo um recordista olímpico no caminho delas. Eu não fiz isso empurrando ninguém ou amarrando os cadarços das outras competidoras. Eu fiz isso sendo eu mesma. Então foi um choque quando a resposta foi tudo menos positiva. Especialmente porque eu sempre quero que as pessoas ganhem. Se você é minha amiga, eu vou ser sua maior incentivadora. Mas a insegurança é uma coisa complicada.

Isso também me fez perceber quanto é importante para mim ser a narradora principal da minha história, a versão mais verdadeira possível. Não me entenda mal. Eu sou muito grata ao reality e a tudo o que ele me deu. E não posso dizer que nunca mais farei um reality outra vez. Mas preferiria estar com a minha família, com o meu bebê, praticando yoga, lendo, viajando, nadando... Fazendo todas as coisas que me trazem saúde mental. Eu sou o tipo de garota que, nos hotéis, pede serviço de quarto e que gosta de ficar em casa. Eu juro que não preciso de muito para viver... ou quase isso. Eu realmente valorizo as pequenas coisas, e isso é o que me preenche.

Eu posso não saber ainda o que vou fazer daqui por diante, mas, seja o que for, com certeza será meu, meu e mais meu. Eu quero seguir em frente vivendo uma vida sem cortes, sem me deixar restringir por roteiros que outra pessoa esteja escrevendo para mim. Eu vou abrir mão de coisas que não me trazem uma sensação de bem-estar e me entregar inteeeeeira às coisas que me fazem bem. Eu vou ouvir a voz dentro de mim que sabe das coisas (ESPECIALMENTE se achar que vou entrar em trabalho de parto!) e calar aquelas que só querem me deixar para baixo. Você sabe por quê? Porque isso é o que faz uma Boss Bitch.

Agora que você leu este livro (espero), aprendeu com os meus erros e (espero ainda mais) se sentiu inspirada com os meus sucessos, é hora de não apenas escrever sua história, mas também contá-la. Acabamos de passar mais de duzentas páginas tentando entender quem você é e o que você quer, então agora é hora de você sair pelo mundo e fazer acontecer. Como você viu na minha história, não vai ser num passe de mágica, do dia para a noite. Pode não ser nem nos próximos cinco ou dez anos. Mas isso não significa que cada um dos dias da sua vida não vai valer a pena. Todas as manhãs em que você acorda e resolve que tipo de mulher quer ser, e assume isso, já é uma vitória e abre para você possibilidades incríveis para alcançar todos os seus objetivos. É no agora que você cria seu próprio reality show. Você vai deixar outra pessoa escrever seus diálogos, controlar a sua narrativa, editar seus papéis favoritos e transformar a sua vida num Frankenstein? Não! Você vai produzir sua vida, dirigi-la, editá-la e, com sorte, promovê-la também.

Eu quero que você se lembre disto enquanto segue com a sua vida: preste atenção nas pessoas, nos sentimentos e nas circunstâncias que influenciam o enredo da sua vida. Eles tornam seu reality show particular mais divertido e viciante?

Ou muito difícil de assistir? Existem outras influências além dos seus próprios desejos e impulsos comandando a narrativa da sua vida? Você só está recebendo cenas que mostram uma única dimensão da sua vida? E seus colegas de elenco? Eles a apoiam quando os holofotes brilham sobre você ou são os primeiros a apunhalá-la assim que você vira as costas? E então há a personagem principal. Ela aparenta, se veste, se movimenta e age da maneira como você realmente quer? Se você ligasse a TV amanhã e assistisse a um episódio antigo da sua vida, ficaria descontente com o que vê ou assistiria cada minuto com uma enorme tigela de pipoca na mão?

Pode me chamar de exagerada se quiser (não seria a primeira vez), mas eu quero que você pense em viver como se a sua vida realmente pudesse ser a próxima série de maior sucesso da Netflix. Porque, se fizer isso e persistir, saberá que é você quem está no comando de fato e vivendo em verdadeira sintonia com o seu eu superior. Além disso, eu não sei você, mas adoro a ideia de todas nós, Boss Bitches, arrasando lá fora, na telinha ou na vida real. E, ao longo do caminho, eu vou fazer o máximo para incentivar você, apoiá-la e torcer pela sua vitória. Porque todas nós, *bitches* deste mundo, precisamos nos unir umas às outras!

Beijos,
Christine